JN440022

쭉정이의 반란

쭉정이의 반란

초판 1쇄 인쇄 | 2023년 09월 03일
지은이 | 이운순
펴낸이 | 이재욱(필명:이승훈)
펴낸곳 | 해드림출판사
주 소 | 서울 영등포구 경인로82길 3-4(문래동1가 39)
센터플러스빌딩 1004호(07371)
전 화 | 02-2612-5552
팩 스 | 02-2688-5568
E-mail | jlee5059@hanmail.net

등록번호 제2013-000076
등록일자 2008년 9월 29일

ISBN 979-11-5634-556-5

* 이 책은 (재)포천문화관광재단의 2023년 문화예술 공모지원사업
〈포·도·당〉을 통해 발간되었습니다.

쭉정이의 반란

이운순 수필집

해드림출판사

쭉정이, 반란을 꿈꾸다

새봄, 못자리에 쓰일 볍씨를 담갔다가 물 위로 뜨는 놈들은 건져내어 두엄 밭에 흩뿌려진다. 이른바 쭉정이다. 그렇게 버려진 쭉정이들은 시간이 가면서 따뜻한 봄볕을 받아 일시에 새싹을 밀어 올린다. 그 쭉정이를 닮은 아이의 제3수필집 출간에 앞서 또 하나의 졸저를 지닐 생각에 심장이 요동친다. 고혼이 되신지 오래이신 선친께서는 문단 말석이나마 딸 이름이 활자화된 이즈음의 행보를 생각이나 하셨을까. '저것이 사람 노릇이나 제대로 할까.' 염려하셨을 부모님께 이 영광을 돌려드린다.

한 여자아이가 1959년 섣달 한가운데 세상에 나왔다. 어머니 마흔둘 늦은 연세에 여식을 낳고 '계집애가 운수가 순해야 하니 운순이라고 하죠?' 한학을 하신 아버지 묵인으로 아이는 운순이가 되었다. 알이 반쯤 찬 쭉정이 같은 아이, 나는 그런 아이였다. 쉰둥이, 노인자제, 부모님 늦은 연세에 본 못난이 딸은 늘 병

색이 짙어 두통을 달고 살았고 볼거리에 연주창, 편도선염, 가래톳, 한밤중에 때아닌 급체로 응급실을 가고 온전한 날이 드물었다. 숱이 없는 노랑머리에 됫박이마인 그 아이는 야무지지 못했다. 내 위로 오빠, 그 위에 보름달처럼 환하게 곱던 언니는 시집을 가고 집에 남겨진 건 덜 여문 쭉정이 같은 막내딸이다. 말도 어눌해서 부모님 걱정이 늘어갔다. 타고나길 허약했고 영양 상태도 좋지 않아 한동안 가는귀를 먹어 어머니 한숨은 더욱 커졌다. 이런 상황에서도 나는 간간이 깜찍한 꿈을 꾸었다.

친구들과 노는 것보다 책이 친구였으니 자연스럽게 이솝처럼 동화를 쓰거나 김유정, 현진건 같은 이야기꾼이 되고 싶었다. 땅따먹기, 핀 따먹기, 공기놀이, 줄넘기하는 것보다 책을 읽거나 상상 속에 빠져 이런저런 인물들의 삶을 엮는 글쟁이가 되고 싶었다. 숫기도 없고 사회성은 더욱 없었으니 내 존재를 모르는 친구도 많았으리라. 있는 듯 없는 듯했던 아이가 유일하게 선생님께 칭찬 듣는 시간이 작문 시간과 노래할 때뿐이다. 작문 시간은 그렇다 치고 노래할 때는 어디서 용기가 나오는 걸까. 나도 모르게 내재된 끼가 있었나 보다. 2002년 4월 동아일보 한 귀퉁이에 단수필이 실리고, 수년간의 습작을 거쳐 2008년 수필등단을, 2016년 1집 출간과 2020 경기문화재단 경기 작가 선정에 힘입어 2집 출간을 맛보았다. 시간이 갈수록 기쁨보다 부끄러움으로 민낯의 한계를 보아야 했다. 얄팍하기 그지없는 문장 실력으로 글쟁입네 했었다니 부끄럽기 그지없다.

순 포천産, 촌 아낙이 서울을 드나들며 방송대 국문과 학부를 마치고, 수필 공부를 하며 부족함을 채우려 노력했다. 세계를 강타한 역병을 겪으며 2집을 내고 일상이 스톱 될 지경에 흥미도 열정도 식어갈 즈음 3집 출간이라는 명제가 나를 일깨웠다. 희망은 살아갈 힘의 원천이다. 천재 우화 작가 이솝은 천하에 못난이에다 심지어 노예였다지. 수 세기가 지나도 세계인의 사랑을 받는 천재 음악가 베토벤도 청각장애인이었고, 천재 바둑 기사 조치훈은 지독한 말더듬이여서 인터뷰가 제일 싫었다고 했다. 쭉정이 같고 빈 구석 많은 나도 아직 계발되지 않고 잠재된 뭔가 남아있는 건 아닐까? 아직 상상에 나래를 펴고 허황된 꿈을 꾸는 나는 아직도 알곡이 되기 위한 반란을 꿈꾼다.

2023. 8. 이운순

차례

1부_ 나의 봄은 ing

2부_ 기도

3부_ 꿈 한 자락

4부_ 아버지와 제비

1부

나의 봄은 ing

슬픈 해바라기

인간사의 희비를 아는지 모르는지, 임인년의 봄은 기꺼이 우리에게 와 주었다. 대자연의 힘이다. 개울가 트레킹 도로를 종종 걷는 내게 버드나무에 물이 오르는 걸 시간에 따라 느끼게 했고, 갓 깨어난 어린 청둥오리가 서툰 날갯짓하는 것을 볼 수 있었다. 문득 이즈음이 논물 가두는 시기여서 그런 걸까. 개울물이 확연하게 줄어 보인다. 물만 줄어든 게 아니다. 운동 나온 이들의 눈길을 사로잡던 청둥오리가 거의 보이지 않는다. 물을 찾아 먹이를 찾아 다른 데로 이동한 걸까? 가뭄도 한 이유겠지만 분명한 건 농사철이 도래해 물갈래가 바뀐 탓이리라.

아지랑이와 함께 저만치 오던 봄이 새치름 꽃샘추위에 멈칫거리던 3월, 오미크론 발생이 극에 달했다. 그나마 정점이 지나면 풍토병화 되리라고들 했다. 긴 감염 시대를 지나 내리막 현상이 확인되면 거리 두기 완화, 혹은 폐지될 거라 하니 그나마 다행이라 여기는 신세가 되었다. 이런 아이러니가 또 있을까. 최첨단 디지털 시대에 역병 퇴치를 못 해서 벌어진 잃어버린 2년의 일상이 암흑 같은데, 멀리서 전쟁 소식이 들려왔다. 세계가 인정하는 미녀의 나라, Helianthus annuus 낯선 학명보다 탐스러운 꽃이 해를 따라 돈다는 Sunflower 해바라기의 나라, 평화롭게 살아가던 그 우크라이나가 지금 전쟁에 휘말려 있다. 한때는 같은 언어를 쓰고 같은 역사를 공유했던 러시아가 왜 우크라이나를 침공했을까. 인간의 욕심이 부른 참상을 어찌할 것인가.

인접한 유럽에 비교하여 아직 개발 도상국인 우크라이나는 파격적으로 젊은 지도자를 선출했다. 그동안 다른 지도자들의 방만한 지도력만은 아니었을 테고 오랜 기근을 겪었다고도 했다. 좀 더 개혁적인 젊은 지도자를 내세워 국력을 키우고 삶의 질을 높이려 했던 그들에게 닥친 전쟁, 너른 땅덩이와 대평원이 탐이 났던 러시아군의 침공을 받은 것이다. 해바라기의 미소처럼 욕심 없이 살아가던 그들이 전쟁 준비를 했을 리 만무하다. 우크라이나 전쟁에 지원군을 보내겠다는 나라는 없고, 대통령에게는 대러시아에 맞서기보다 망명을 권유하기도 했단다. 그러나 그는 망명보다 군복과 총대를 선택했다. 퍼스트레이디는 물론, 일자리를 찾아 세계 각지로 떠돌던 젊은 청춘들이 나라를 구하러 기꺼이 돌아오고 미스 우크라이나도 총을 들고 나섰다는 뉴스 영상이 적잖은 감동을 준다.

반 고흐의 명작 해바라기 그림이 아니라도 커다란 해바라기 그림 액자는 거실 벽면을 장식한다. 해바라기는 보기에도 아름답고 평화롭지만, 행운을 불러준다는 설까지 더해 해바라기 그림과 함께 해바라기 조화 또한 널리 쓰이고 있다. 그뿐인가 세계 곳곳 주방에 또 내 집 싱크대 양념 칸에도 해바라기유가 자리해 있다. 대부분 그들 나라 너른 들에서 수확한 해바라기일 것이다. 그 황금빛 해바라기가 지금 미소를 잃고 슬픈 해바라기가 되었다. 田莊을 떠나 戰場으로 떠난 농부들이 다시 들판으로 돌아오기를 기다리는 슬픈 그림이 되었다. 러시아 식량 소비량 4/1을 생산한다고 할 만큼의 큰 땅덩이를 차지하려던 러시아, 그들 욕심으로 벌어진 전쟁으로 전 세계의 물가가 출렁인다. 유류 가격이 오르고 세계 곡류價가 요동치고 있다. 원유 100% 곡류 80% 수입국이 바로 우리나라 아니던가.

왜? 무엇 때문에 내 것이 아닌 남의 것을 탐내고 죄 없는 이들을 살상하는가. 우크라이나 젤렌스키 대통령은 세계 각국을 향해 구원에 손길을 기다리는 영상 연설로 감동을 주었다지만, 인접 국가나 평화를 지향하는 다른 여러 나라에서도 도움의 손길은 오지 않았다. 물질적으로 혹은 전쟁에 필요한 무기와 구호물자를 지원해 주는 것 같지만 현재 두 달이 넘도록 참전을 돕는 국가가 있다는 소식은 듣지 못했다. 전쟁 속에서 약자는 더욱 약자일 수밖에 없다. 언제 어느 때 어떤 일을 당할지 바라보기만 해도 아까운 자신의 아이를 안전지역으로 보내면서 부모 이름과 주소, 인적 사항이 낙서하듯 아이 몸에 적힌 뉴스 영상으로 전쟁에 참혹한 현실과 마주한다. 천사 같은 그 아이들이 왜 이런 어려움을 겪어야 하는가. 너무나 가슴 아프고 보는 이를 슬프게 한다. 많은 나라 곳곳에서 인도적 차원의 구호품을 보낸다니 그나마 위안이 된다.

약소국이라 상대를 얕보았을 러시아가 갈수록 고전을 면치 못한다는 보도가 들려왔다. 훈련도 제대로 안 된 어린 병사를 전쟁으로 내몰아 부족한 물자와 열악한 상황에 놓인 어린 러시아군이 우크라이나 국민의 동정을 사기도 했다니 대체 이 전쟁은 누구를 위한 명분 없는 싸움인가. 대국이라는 허울로 며칠 내로 약소국을 먹겠다는 헛꿈을 꾼 러시아로 인해 어린 병사들만 전쟁의 피해자가 된 것이다. 나라 안 소식도 20대 대선을 전후로 전국이 시끄러웠지만, 꼬박꼬박 들려오는 전쟁 소식은 그칠 날이 없다. 우주를 드나들고, Ai가 인간 시중을 드는 최첨단 시대에 전쟁이라니 너무나 서글프지 않은가. 다행히 4월 27일 시점으로 미 국무 장관과 외무 장관이 우크라이나 젤렌스키를 만나고 돌아왔다니 감히 우크라이나의 승리를 예감해 본다. 어떤 상황에서도 국력을 키우고 안보를 탄탄히 하려는 것은 당연하다. 그 어떤 이유를 들어도 전쟁은 피해야 할 악이 아닌가.

우리도 3년간의 전쟁을 겪고 긴 회복기를 거쳤기에 도저히 남의 일 같지가 않다. 당시 우리를 도와준 유엔 16개 참전 국가와 의료진과 의료용품을 보내온 고마운 나라들을 다시금 생각하게 한다. 그들의 도움이 아니었던들 당시 반쪽이나마 나라를 지켜낼 수 있었을까? 전쟁의 포화 속에 싸인 해바라기와 미녀의 나라, 우크라이나도 하루빨리 전쟁이 종식되어 일상을 되찾기를 기도한다. '키이루'라는 그들의 수도를 아는 이보다 러시아 때 사용하던 '키예프'를 더 많이 아는 이들에게 목숨을 걸고 온몸으로 대응하며 자신들의 존재를 알리는 그들을 응원한다. 반드시 싸움에서 이겨 자국을 지켜내라고.

2022. 5.

반쯤 비우며 살자

우리는 알게 모르게 중요한 요소들을 놓치고 살아간다. 빠르게 변해가는 현실을 살아가느라 무엇이 더 소중하고 덜 소중한지 인지하지 못할 수도 있다. 다 잃고 나서야 많은 걸 후회하기도 한다. 그 안타까운 시간을 흘려보내고 손가락 사이로 빠져나간 보석 같은 추억과 시간을 아쉬워한다. 그렇다면 우리는 왜 귀하고 소중한 걸 애초에 갈무리하지 못하고 뒤늦은 후회와 반목을 거듭하는 걸까. 참으로 알 수 없는 노릇이다.

어떻게 살아야 잘 산다고 할 것인가. 가정에서 사회에서 혹은 우리 인간사에서 서로에게 각을 세우지 않고 원만하게 잘 살아가는 것을 지향한다. 그렇더라도 '소신 있게 바르게 살자.'거나, 윤리와 도덕을 논하다 보면 자칫 구닥다리에 고리타분한 사람이라는 오명을 쓰기도 한다. 그러나 많은 사람이 사는 곳은 규칙이 있어야 한다. 스포츠에도, 작은 단체에 회칙을 만들어도 그 나름의 Rule이 필요하다. 만약 규칙이나 Rule이 없다면 이 세상이 얼마나 혼탁하고 어지러울 것인가. 사회적 규약, 가장 기초적인 경범죄를 어겨도 우리는 벌금을 낸다. 서로 간의 믿음으로 사회와 약속을 만들고 지킴으로써 우리는 더 많은 자유를 누리고 사는 것이다. 만약 약속과 규제가 없다면 이 사회는 얼마나 많은 무질서로 혼란할 것인가.

나 자신은 완벽과 거리가 먼 사람이지만, 남에게는 관대하고 자신에겐 소심하고 엄격한 내성적 인간이다. 딱히 남보다 더 도덕적이라기보다 유교적인 집안에서 무릎 교육과 밥상머리 교육이 철저했던 영향일지 모른다. 일상적 가르침이 특별한 교육인 줄 모르고 가랑비에 젖듯 시나브로 일상 속에서 그렇게 예의와 관습 공공 규약이 몸에 익었을 것이다. 배움이 크지 않은 어머니도 예외는 아니셨다. '말에서도 향기가 나는 법이란다.' 아이들 세계에서 떠도는 비속어를 배울세라 단호한 어조로 이르셨다. 어릴 적, 이 습관은 자라면서 '말공대가 참 얌전하다.'라는 평판을 듣고 성장했다. 구한말 시대극에서 나오실 법한 선비 같은 아버지께 누가 될까 봐 늘 마음가짐을 조심하지 않으면 안 되었다.

코로나 국면에서도 세월은 여지없이 흘러 설 명절을 맞았다. 시어른들은 이미 고혼이 되신지 오래지만 늘 푸른 고향, 경북 예천에는 아직 연로하신 두 분 형님댁이 있기에 당연히 가 뵈어야 한다. 삼십칠 년 전 시집갔을 때 새댁 같으셨던 두 분도 어느새 노년을 맞으셨다. 시간은 고장도 쉼도 없이 흘러, 까슬까슬 군인

머리였던 조카들은 머리가 희끗희끗 해지고 갈래머리 여고생이던 질녀들도 앞서거니 뒤서거니 예식장 혼주석에 앉을 만큼의 세월이 흘렀다. 시계가 멈춘 곳은 서른 중반의 우리 아이들뿐인 것 같다. 무엇이든 다 때가 있다는데 아직 결혼에 뜻이 없는 아들을 보면 가는 해 오는 해가 썩 반갑지만은 않다. 조상님께 예를 올리며 올해는 꼭 가족이 늘게 해달라는 간절함을 담아 본다.

설날 아침 서설에 놀라 차례를 지내기가 무섭게 형님들께서 싸주시는 情 보퉁이들을 차에 잔뜩 싣고 귀경을 했다. 뉴스 시간 내내 경기도 일대 대설주의보 자막이 계속되어 귀경을 서두른 참이다. 고향을 벗어날 때까지 세차게 퍼붓던 눈은 충청도를 지나 경기도에 들어서면서는 내리면서 바로 녹아 흔적은 찾을 볼 수 없었다. 도착해 보니 지난밤부터 내렸다는 눈은 음지에만 소복이 남아있을 뿐이다. 서두르지 않아도 좋았을걸, 아쉬워하던 형님들 모습이 떠오른다. 꿈결같이 스치는 고향 집, 어머님 구순에 나라에서 보내왔다는 단장 '청려장'이 이젠 맏동서님 차지가 되어 현관 한편에 놓인 단장이 눈에 어른거린다. 곱기만 하던 형님이 단장을 짚고 다니시다니 세월이 진정 야속타. 비교적 강건하시어 얼마 전까지만 해도 시니어용 네 바퀴 스쿠터를 타고 田莊을 다니시던 분 아니신가. 서글픔이 물결친다.

새해 벽두 종종 안부를 주고받는 수원에 사는 친구로부터 사진을 곁들인 장문의 문자가 날아들었다. 사진 설명과 새해 안부가 적힌 문자에 그만 미소가 번진다. 그녀의 야무진 성격대로 색색으로 준비한 설음식 보퉁이가 세 개, 색동옷을 입힌 정종병도 보인다. 그녀는 둘째 며느리다. 그럼에도 만동서에게 들고 갈 각종 전유어며 삼색나물, 과일 등 제수 보퉁이란다. 밤새 내린 눈으로 원룸 학생들이 불편할까 봐 새벽부터 일어나 눈을 치우고 자가용은 엄두가 나지 않아 양손에 보퉁이를 들고 부부는 버스 정류장으로 향했단다. 정류장에 먼저 도착한 남편이 짐을 바닥에 놓는 걸 보고 '자기야~ 제사 지낼 걸 바닥에 내려놓으면 어떡해?' 그녀 말에 세상 난감한 얼굴로 '버스카드는 꺼내야지.' 하더라는 남편 말에 자신이 얼마나 미안했겠냐는 말이다. '그러네. 내가 왜 그 생각을 못 했지.' 일순간 민망했었다는 고백이다.

큰댁을 다녀온 뒤로 많은 생각을 하게 되더란다. 남편 봉직 생활에 누가 될까 봐 항상 바르게 살려 노력했고, 부지런함과 좋은 솜씨를 자산으로 대학생 하숙을 치고 원룸 사업으로 키워 재정적 성공을 이루어 공직자 남편의 부담을 덜어주었다. 전형적인 여성미를 간직한 그녀는 타고난 인성과 성품을 말해준다. 평소 완벽주의에 가까운 윤리도덕관으로 남편과 두 아들에게 '이건 이래서 안 돼~ 저건 저래서 안 돼.'라는 많은 규제를 가했을 거라는 자성을 하게 되더란다. 부부의 인품을 닮은 착한 두 아들은 물론 훌륭한 성인이 되었다. 그동안 엄격한 자신으로 인해 두 아들과 인품 좋은 남편이 얼마나 힘들었을까. 하는 생각이 미치자, '그래, 이제껏 너무 너울가지 없이 살아왔구나, 이제라도 헐렁하게 다 내려놓고 여유롭게 살아보자.' 새삼 자각했다는 이야기다.

'밤하늘에는 빛나는 별이 있고 내 가슴속에는 반짝이는 도덕률이 있다.'라고 임마누엘 칸트는 말했다. 이성적 행위들은 실천이성에 힘을 반영한다, 저마다 자신만의 도덕률을 가지고 그곳에 맞춰 살려 이성을 유지하며 살아간다. 대 철학자의 말처럼 인간이 가장 인간답게 사는 길은 머리보다 가슴으로 살아야 한다는 결론에 다다른다. 주변인들에게는 이해와 배려의 자세로, 나 자신에게는 엄격한 규제를 가해 겸손을 잃지 않아야겠다. 그녀만큼의 완벽주의자는 아니지만 나도 내 아이들에게 바른 인격 형성을 빌미로 스트레스를 주지는 않았었는지 적잖이 뜨끔한 부분이다.

2020. 2.

그 후로도 오랫동안

참 길고도 지루한 녀석이다. 지지난해 연말 즈음부터 전염병 징후가 시작되었고 지금껏 지루한 싸움을 이어오고 있다. 몹쓸 감염 질병이 이토록 오래 창궐할 줄 상상이나 했던가. 대륙을 넘나들며 번져가는 역병을 두고 처음 대응을 이랬다면 어땠을까 저랬다면 어땠을까. 그랬다면 지금쯤 어떤 변화를 가져왔을까. 1년을 무정하게 흘려보내니 점점 왜증이 난다.

십여 년 전, 입대하는 아들에게 '혼자 겪는 일이 아니니 마음 굳게 먹고 건강하게 잘 마치고 돌아오라.'는 말을 했었다. 어려움을 모르고 자라난 세대요, 유약한 심신이 걱정되어 건넨 말이다. 당시 어미의 말이 위안이 되었을지 어떤지는 모르지만 길어진 코로나 정국에 다시금 그때 그 말을 떠올렸다. 난생처음 겪는 대재앙이지만 '모두 함께'라는 말로 작은 위로를 삼는다. 물론 그 원흉은 육안으로 식별도 안 되는 바이러스 균이다. 최첨단 디지

털 시대를 살아가던 80억이 넘는 세계 인구는 이대로 무너지고 말 것인가. 맥없이 무너지는 나약한 인류가 안타깝다. 지난 중추절에도 설 명절에도 귀향조차 제지를 받던 어이없는 현실을 어찌 이해해야 하는가. 그동안 너무나 당연해서 귀한 줄 몰랐던 평범한 일상이 그리워 새삼 눈물이 날 지경이다.

메르스, 신종플루, 전염성 질병이 생겨날 적마다 슬기롭게 잘 이겨냈었다. 그러나 웬일인지 급속하게 번지는 코로나19만은 속수무책이다. 사회적 동물인 사람들에게 크나큰 제약이었던 거리 두기 규제는 나를 위해 남을 위해 어쩔 수 없는 선택이었다. 강제성을 띠고 거리 두기를 권고하니 파열음도 적지 않다. 좀체 익숙해질 것 같지 않던 마스크 착용도 점차 생활화되었지만, 걸핏하면 대량으로 감염사태가 발생하니 난감하다. 작년 초봄부터 대혼란을 야기한 대구지역 감염사태로 촉발된 혹독한 마스크 대란도 겪었다. 매년 겪는 황사로 다들 얼마쯤의 마스크는 있었지만, 마스크 수급이 차질을 빚어 온 나라가 들썩였다. 겨우 마스크 두 장을 사려고 생일 끝자리에 맞춰 긴 줄을 서기도 했고 일각에서 말하던 장기화될 거라는 우려와 예측은 빗나가지 않았다.

대구 소동이 벌어지던 그즈음 들린 소식이 가슴을 저리게 했다. 어린 정 君은 겨우 열일곱의 고등학생이었다. 봄비가 추적이는 날 기저질환이 있던 부모님을 대신해 마스크 구매를 위해 긴 줄에 섰던 게 전부다. 40도에 육박하는 고열에 시달리던 그 아이는, 제대로 된 치료 한 번 받지 못하고 그렇게 3월 중순 싸늘한 주검이 되었다. 정군은 열 차례가 넘는 확진 검사를 했다고 한다. 진단키트의 오류일까 다른 이유였을까. 확연한 감염 증상에도 결과는 십여 차례나 음성반응이 나왔단다. 코로나 확진이 아니라면 정군의 치솟는 고열은 어떻게 설명할 수 있을까. 또 병원은 왜 십 수차례나 확진 검사를 해야 했을까. 다른 건 차치하고라도 고열의 환자를 아무런 조치도 처치도 없이 왜 밀어내기만 해야 했을까. 아픈 뒷이야기는 그래서 더욱 슬프다.

무섭게 치솟는 열 때문에 고통을 호소했다던 그 아이, 얼마나 겁나고 무서웠으면 샤워기를 틀고 쏟아지는 물을 그대로 받고 서 있었을까. 아이는 돌도 씹어 먹을 십칠 세 청소년이다. 새침한 봄날 장시간 봄비 좀 맞았다고, 감기몸살쯤으로 몹쓸 상황이 되지는 않았겠지. 도무지 상상도 하지 못할 참혹함에 인간 된 도리와 어미 된 마음으로 가슴이 저려왔다. 그 어머니에겐 평생 안타깝게 기억될 마지막 아들의 모습, 열을 떨어트리겠다고 샤워기를 틀고 찬물을 맞던 그 모습과 그 소리를 어찌 잊는단 말인가. 일 년 내내 지속된 안타까운 거리 두기 규제로 무심하게 세월만 가는 줄 알았는데 희망을 품고 봄이 온다. 새봄 들어 백신 이야기가 본격적으로 거론되자 지난해 입학만 하고 학교에 못 간 손녀딸이 곧 등교할 거라고 친구가 기뻐한다. 당연한 일상이 새삼 귀히 여겨지는 시국이다.

연둣빛이 초록으로 한껏 부풀어 오르던 지난해 4월 초, 잔인한 코로나로 인해 남자 동창을 잃었다. 친구는 후천적인 장애와 기저질환을 지니고 있었다. 큰 병원에서 정기적으로 관리를 받아 오던 친구는 치료차 내원한 그곳에서 코로나를 얻었다는 것이다. 전문 요양인 손길 없이는 혼자 아무것도 못 하는 친구는 건강했던 초중 시절의 유일한 추억들을 갈무리해 두고 하나씩 꺼내 보던 친구다. 문상도 장례식 참석도 말아 달라는 이상한 부고 문자는 그렇게 친구의 안타까운 부음만 알렸다. 작고 소소한 추억일지라도 마치 어제 일 인양 소중하게 간직했던 친구는 그렇게 쓸쓸히 떠났다. 자주 친구를 찾아 말벗이 되어주던 친구들은 너무나 황망한 안타까움에, 드문드문 안부만 묻던 친구들은 또 그 미안함으로 쓸쓸히 그렇게 친구를 떠나보냈다.

이제나저제나 백신 소식을 기다리며 한 해가 저물 즈음 들리는 아픈 뉴스다. 출산을 앞둔 만삭의 임산부가 병원 응급실을 찾았다. 병원은 임부의 고열 때문이었는지 확진 검사 증명 음성 판정을 요구했다던가. 이 병원 저 병원 전전해도 끝내 받아주지 않아 아기를 사산했다니 기막힌 일 아닌가. 모두의 사랑으로 세상에 나와 우렁차게 울어야 할 태아는 그렇게 세상 빛도 못 보고, 엄마 품에 안겨 울어보지도 못하고 하늘 품으로 갔다. 왜 그랬을까. 왜 그래야만 했을까. 만삭 임산부의 응급상황을 왜 간과했더란 말인가. 모든 방역 장비를 장착하고서 아이를 받아주었더라면 그랬다면 얼마나 좋았을까. 열 달을 품고 태동을 느끼며 온갖 기대와 바람으로 태교를 했을 테지, 어미는 아이를 만날 기회를 잃었다. 가슴이 미어진다.

난생처음 겪는 아픈 시간이 오래도 흘렀다. 요양병원을 통째로 코호트 격리를 했다는 기막힌 소식도 들려왔지만 백신 개발의 쾌거도 들려왔다. 이런 사태가 처음이라서 대응이 서툰 것이라면, 그래서 겪는 시행착오라면 그 수업료는 너무나 가혹하다. 일련의 아픈 사건들을 학습했어도 그 후로도 오랫동안 상황은 좀체 나아지지 않고 지지부진 제자리걸음이다. 백신에 기대를 걸고 빠른 종식을 기대하지만, 그 시기가 점점 늦춰지고 있어 안타깝다. 시작이 있었으니 분명 끝도 있겠지. 혼자만 겪는 일이 아니니니 잘 참고 이겨내야 할밖에.

2021. 5.

나의 봄은 ing

겨울을 지나고 대지에 물이 오르니 봄빛이 더욱 찬란하다. 온 산에 들에 벚꽃 잎이 날려 꽃비를 흩뿌리니 분명코 봄은 왔는데, 나의 시린 가슴에 봄은 멀기만 하다. 백목련 자목련은 일찍이 시들어 떨어지고 둘레 길에서 만나던 진달래 철도 지나갔다. 긴 생머리 찰랑대며 지나간 여인의 향기 같은 아카시아도 흐드러졌는데 어찌하여 나의 봄은 왜 아직 오지 않는 걸까. 학교 아파트 담장마다 덩굴장미도 이미 아름답게 타오르는데 나의 봄은 왜 이리도 더디단 말인가.

'이젠 봄을 보내줘야겠지요? 초하의 하늘이 참 괜찮네요.' 지역 문우와의 소통하는 창구에 느닷없이 봄을 벌써 보내주자는 문자다. 겨우 5월 중순에 이제 막 봄이 무르익기 시작했는데 문우는 왜 벌써 봄을 보내주자는 건지 동의할 수가 없다. 한낮 치솟는 기온이야 상대적으로 덥게 느껴질 수 있다. 아니면 내가 그녀보다 계절감이 둔감한 걸까. 잠시 틈을 두고, '나는 아직 개구리울음을 듣지 못했으니 나의 봄은 ing입니다.' 내 응답에 놀랐던지 그녀는 대뜸 '이따 밤에 여기서 주무셔 봐.' 짧고 간결한 문장 안에 여러 해석이 들어있다. 산 아래 고즈넉이 자리한 그녀의 보금자리는 습지가 멀지 않다. 모르긴 해도 개구리란 녀석들이 밤마다 제 존재를 드러낸 것이었으리라. 쉰 몇 해를 촌부로 살다 도시도 농촌도 아닌 소도시에 둥지를 튼 지 예닐곱 해가 되었다. 자연으로부터 멀어지니 계절감이 무뎌졌는가. 나도 모르는 사이 봄은 그렇게 깊숙이 와 있었다.

모내기 훨씬 전부터 농가는 먼저 논두렁을 보수하는 작업을 한다. 가래질이라고 하는 작업은 경지정리가 잘된 곳은 농부 혼자서도 가능한 작업이다. 들쥐나 두더지가 드나들던 논두렁을 삽으로 다듬고 발로 지근지근 밟아 물 샐 틈을 막는 작업이다. 가래질이 꼭 필요한 골 논의 많은 계단식 논두렁은 더 많은 노동력이 필요하다. 지금은 여간해 보기도 귀한 가래 삽이지만, 못자리와 함께 농가의 첫 농사이다. 가래 삽 양쪽 구멍에 줄을 길게 매고 양쪽으로 당길 때 쓴다. 삽자루를 쥔 사람이 적당한 곳에 가래를 갖다 대면 양쪽에서 두 사람이 끈을 당긴다. 밤 확률 치듯 논두렁을 반듯하게 깎아나가면 한 사람이 뒤따르며 논두렁을 밟아 다진다. 물 없는 논에서는 꾹꾹 밟는 건가래도 하지만 보통은 물을 발라가며 미장하듯 단단하게 다진다. 보통 한 가래에 쓰이는 인원이 넷인데, 논두렁이 많을수록 두 가래 세 가래 품이

들었다.

논갈이하고 가래질을 했다면 논물 가두기를 한다. 그다음 작업을 두고 지역에 따라 논을 삶았다고도 하는데, 옛날 용어는 건삶이 혹은 써레질이라 했다. 농기구도 발전을 거듭해 경운기나 트랙터를 이용해 로터리를 친다. 논바닥을 고르고 반듯하게 번지를 쳐서 한 이틀 들뜬 흙을 가라앉히고 나서 모내기를 한다. 모내기를 전후해서 밭작물 파종 시기와 모종 심기가 본격적으로 몰아친다. 이즈음 농촌 지역 학교는 재량에 따라 일주일 이내로 농번기 휴교를 한다. 들일하는 부모님의 물 주전자 심부름이나 어린 동생이라도 보살피라는 의미가 아니었을까. 보릿고개를 막 벗어나려는 시기였으니 농사에 주력을 다 할 때였다. 흑백텔레비전에 비치는 크고 작은 행사에는 '농자천하지대본'이라는 깃발을 치켜들고 농악대가 한바탕 흥을 돋우던 시절이었다. 농번기의 참뜻도 모르고 학교 안 가는 날이라서 그냥 좋았었다.

비가 내리는 날은 맹꽁이도 개구리도 맹렬하게 울어댔다. 특히 맹꽁이는 한 녀석이 선창하면 반드시 어디선가 화답을 한다. 무논에서 비를 만났으니 와글와글 더 신이 났을 것이다. 친구와 어울려 코를 쥐고 맹꽁 찡꽁 흉내를 내며 무던히도 장난을 쳤다.

두어 차례 봄비가 지나간 자리에 / 언 땅 비집고 나온 새싹 / 삐죽이 얼굴을 내민다. // 청명도 지나고 / 곡우도 지나 / 봄은 분명한데 / 나의 봄은 아직 오지 않았다. // 어머니 가르마 같은 논둑길도 걸어보고 싶고 / 온 들녘에 흐드러진 / 찔레 순 꺾어

입안 가득 밀어 넣던 // 그 아찔한 아지랑이의 봄과 함께 / 온 동네 떠나가라 울어대던 / 그 봄이 그리워 / 나 논물 가득 가두고 / 개구리울음을 기다려야겠다.

십수 년이 되었을까, 메마른 가지에 생명수를 받아 마시듯 지역 문학 공부 방을 기웃대던 시절, 채 여물지 않은 솜씨로 문예지에 참여하면서 끄적거린 시구가 봄이면 여지없이 나를 자극한다.

시간을 두고 드디어 와룡 군단을 만났던가. 반가운 마음에 화답하듯 심사를 풀어낸다.

그들이 왔다 / 사방 거미줄 같은 도로를 비껴내고 / 단단한 콘크리트 숲을 피해 / 잘도, 잘도 찾아왔다 // 겨울잠인들 편했을까 / 예까지 오는 길 / 어렵고 험난하진 않았을까 / 모든 역경 이겨내고 / 우리 곁으로 돌아와 / 청량한 밤공기를 요란하게 흔든다 // 선물 받은 아이처럼 고맙고 반갑다 / 몇 안 되는 논배미가 고맙고 / 그 논배미 멀지 않은 곳에 내 집 있으니 / 이보다 더 좋을 게 무엔가.

도심의 휘황한 불빛도 화려한 겉모습도 부럽지 않던 시절이었다. 그저 사방이 트인 시골 동네가 너무나 좋았을 뿐이다. 분에 넘치는 희망은 내게는 맞지 않은 옷과 같으니, 유유자적한 삶에 만족한 촌부에 지나지 않았다. '임진년 유월에' 말미에 적힌 표기로 봐서 적어도 십여 년 전 그때까지는 그랬다.

문명의 이기는 거스를 수도 멈출 수도 없다. 우리가 숨 쉬는 지금, 이 순간에도 또 다른 문명이 다가와 우리를 잠식할 것이다.

설혹 우리에게 위해를 가한다 해도 이제껏 그래 왔듯이, 우리는 결국 또 새로운 문명을 받아들이고 말 것이다. 어릴 적 달큼한 맛을 보려고 찔레 순을 꺾으려다 내민 손등에 가시를 찔려 선혈을 보고야 마는 이치와 같다. 자연 속에서 희구하던 소박한 나의 삶은 이제 사치가 돼버렸다. 삼라만상이 모두 잠든 밤, 잠 못 들어 뒤척이던 갱년기 여인 하나, 창가에 열없이 붙어 서서 개구리 합창에 귀 기울이던 그 시절은 아득히 멀어졌다. 그런 날이 내게 다시 올 수 있을까. 그들만의 대합창이 눈물 나도록 그리워 나는 아직도 나의 봄을 기다린다. 나의 봄날은 언제쯤 다시 내게로 올까. 개골개골 갸글갸글 밤이 이슥하도록 울어대던 그 봄밤의 풍경이 너무나 그리워 추억을 더듬는다.

청량한 밤공기를 흔들어대던 개구리 합창이 봄날 꽃잎처럼 흐드러지면 비로소 나의 봄이 도래함이다. 매년 그 소리에 눈멀고 귀 먼 여인 하나, 봄이면 작은 논배미 하나 갖고 싶다. 물 가둔 무논에 모내기도 하고 개구리도 불러 모아 녀석들의 합창을 간절하게 듣고 싶다. '애들아! 무논에 물 가두었다. 어서 밤이 새도록 울어다오. 봄밤에 울려 퍼지던 대합창이 너무나 그립구나.'

2021. 5.

어떤 경고

지난겨울 깊은 안식의 시간 속에서 제법 많은 눈이 내렸다. 내린 눈이 채 다 녹기 전에 다시 눈이 내려 빙판을 만들기 일쑤여서 집을 나서기가 겁이 난다. 음지의 잔설과 빙판은 나를 더욱 움츠러들게 했다. 부끄럽지만 꼭 필요하지 않으면 나 스스로 반동면 상태나 다름없이 움직임을 최소화한다. 안 그래도 겨울 추위에 취약한 체력인지라 외출은 거의 삼가던 차다. 간간이 생필품이나 먹거리를 조달할 뿐이다.

어쩐 일인지, 내 집 가까이에 있는 마트는 이삼 년 주기로 주인이 계속 바뀌었다. 새로운 각오로 시작하는 주인들은 경차와 대형 가전제품을 경품으로 내걸고 희망찬 개업을 하지만 끝이 좋지 않았다. '이번 주인은 설마 다르겠지,' 믿었던 마음을 저버리고, 이번 주인도 여지없이 연말 특수를 뒤로하고 기어이 암흑 같은 침묵이 깊어졌다. 봄이 가까이 와도 마트는 여전히 미동도 없다. 대 감염증이 몰고 온 경제 불황이었으니 현시대의 일면이 아니랴. 이런 상황에도 특수를 누리는 종목이 있었을 것이다. 마스크가 그랬고 손 세척제가 그랬을 것이다. 먹거리를 배달하는 업종은 젊은이들의 최애 아르바이트라고 했다. 감염 예방 차원에서 삼삼오오 만남이 허용되지 않았으니 배달 외식은 국민에게 차선책이 아니었을까.

이참 저 참, 길 건너 조합 마트를 가려고 길을 나섰다. 조합원 된 도리로 자주 드나들어야 마땅하지만, 그동안 집 앞에 마트를 드나드는 게으름을 피웠다. 찻길 건너 좁은 골목을 지나 마트에 도착해 매장 한 바퀴를 다 돌아봐도 고물가 시대에 카트에 넣는 것은 별반 다를 게 없다. 꼭 필요한 휴지와 세일하는 대용량의 커피믹스, 세탁기에 쓰일 액상 세제를 넣고 찬거리를 좀 담아 배달해 줄 창구에 맡기고 되돌아오는 길에 나는 그 낯설고 생경한 문구를 보고 화들짝 놀라고 말았다. 언제부턴가 골목 한 편에 컨테이너가 들어서서 골목이 더 비좁아 있었다. 골목은 끽연가의 흡연 장소였기에 간접흡연을 피해 급히 지나치던 길이었지만 그날따라 컨테이너 벽면에 붙은 경고문이 눈에 들어와 가슴이 쿵쾅거리기 시작했다.

'경고! 여기서 약 팔지 마시오. 한 번 더 걸리면 바로 경찰 신고 들어갑니다.'라는 경고성 문구를 한 번 더 읽고 나서야 엄청난 심각성을 느끼게 되었다. 이곳이 어딘가? 그리고 약은 또 무슨 약이란 말인가. 대도시는커녕 중소도시도 못 미치는 곳, 아직도 농촌

냄새가 물씬 풍기는 작은 읍 소재지에 이 무슨 어울리지 않는 경고문이란 말인가. 뉴스에서나 드라마나 범죄 영화에서나 보고 듣던 약물을, 어쩌자고 내 동네 이 작은 골목 안까지 파고들었다는 말인가. 여성들에게는 살이 빠진다는 말로 접근한다고 하고, 전혀 경험하지 못한 환각 세상을 경험할 수 있다고 젊은이들을 현혹한다지. 순수하고 건설적인 청춘들에게 해악의 손길을 뻗치다니, 지역 젊은이들에게 미칠 악영향을 생각하니 답답하고 아찔하기까지 하다.

환각제나 각성제 중에서도 심각한 중독성을 유발하는 의약품이 있다고 들었다. 유해한 마약류에 히로뽕이라 불리는 필로폰이나 코카인, 헤로인, 대마 종류 그 외 얼마나 더 많은 환각제가 있을까. 내 아이들은 이런저런 유혹을 떨쳐낼 나이지만, 어린 청소년들에게는 호기심의 대상이 될 수밖에 없지 않은가. 게다가 물량이 많아지면서 가격도 낮아 손쉽게 접근한다더니, 핼러윈 사고 이후 정치권에서의 공방도 이어졌다. 이태원에서의 사고를 두고 마약 수사에 경찰을 대거 투입하느라 핼러윈을 즐기러 나온 인파들의 안전에 소홀했다는 공방을 두고 첨예한 대립이 있었다. 마약 수사와 안전요원(경찰)들과는 별개인 점과 근자에 들어 다섯 배나 늘었다는 마약 밀매와 마약 투약자들을 볼 때 마약 수사는 불가피한 것이라는 반발과 '겨우 다섯 배 증가했는데-'라고 했다던 국회의원은 국민의 뭇매를 맞아야 했다.

그 경고를 붙인 사람은 누구였을까? 큰길 쪽 안경점 주인일까.

그 옆 가게 주인 눈썰미였을까. 안 그래도 골목은 남녀노소를 막론한 애연가들 특히 젊은이들의 흡연 아지트였기에 바닥은 늘 꽁초가 널브러져 있던 곳이다. 큰길처럼 미화원의 손길이 지나는 길도 아니었기에 골목은 늘 어수선했다. 끽연가들은 경범죄를 가리는 가시거리를 피해 골목으로만 파고들었으리라. 그 자리를 벗어나 집으로 돌아오면서 나는 잠시 생각에 젖어본다. 만약 약을 주고받는 현장을 내 눈으로 직접 목격한다면 나는 어떻게 처신해야 할까? 급한 전화를 받는 척하려나 아니 어쩌면 모른 척 발걸음을 재촉할지도 모른다. 어떡하든 그 순간을 모면하려고만 할 뿐 해결책을 찾으려 할지는 나 자신도 장담하지 못하니 답답하기 그지없다.

경고가 붙었으니 이제 그들은 다른 장소를 물색할 것이다. 한두 번 약에 취해본 이들은 또 자신의 몸과 마음이 피폐화되는 줄 모르고 어떡하든 또 다른 곳에서 약을 찾아 헤매겠지. 문득 저 경고문이 최선이었을까? 하는 의구심이 꼬리를 문다. 이 방법은 근본적인 해결책이 될 것 같지 않다. 다시 한번 눈에 띄면 신고가 들어갈 것이라는 경고 문구보다 조용하고 민첩한 경찰 신고를 먼저였더라면 어땠을까. 파는 이도 사는 이도 다 우리의 자식이 아닌가. 답답한 현실에 해답을 찾지 못한 여인의 걱정이 깊어진다. 아찔한 이 현실을 어쩌면 좋단 말인가.

2023. 3.

달팽이를 애도하다

장마보다 길었던 물 폭탄 세례가 지나자 더위도 맹위를 잃었다. 그 여름의 끝자락 탐라국에서 내게로 작은 손님이 왔다. 하나둘 늘린 화분이 제법 되어 베란다를 바라보는 게 좋았다. 아니 녀석이 베란다에 버티고 있을 때까지의 그 느낌이 정말 좋았다. 그러나 녀석이 떠나고 텅 빈 벌판 같은 공허만 남았다. '부접빈객거후회(不接賓客去後悔)'라더니 녀석에게 나는 최선을 다했는지 뒤늦은 후회가 밀려온다.

여름이 끝나가고 가을 문턱에 서면 나는 여지없이 몸살을 앓는다. 멀쩡한 육신에 골골 초가을을 지내려니 부끄러운 마음이 들어 '구월에 아이 둘을 낳았더니.'라는 말로 변명을 대신한다. 전혀 무관하지 않겠지만 아무도 내게 동조하지 않는다. '몸조리가 다 거기서 거기지 누군 더 잘하나.'라는 핀잔을 듣기 일쑤다. 그 연례행사를 올해는 더 극심한 허리앓이로 보내게 되었다. 끊어질 듯한 통증은 진통제로도 이기지 못해 한의원을 찾아 등허리가 시퍼렇도록 부항도 뜨고 조치를 했지만, 그러고도 여러 날 쩔쩔매며 보냈다. 가끔 안부를 묻는 친구가 내 변명 같은 이야기를 듣고, '얜, 나도 구월이 되면 신기하게 발부터 시리다니까.' 딸을 구월에 낳았다는 친구 말이 그나마 위안이 된다. 묘한 동질감이다.

그 무심하던 어느 날 현관문 앞에 놓인 택배와 맞닥뜨렸다. 나의 졸저 속 지독한 불면증을 알고 '제주화산송이'가 도움이 될지 모르겠다며 안타까워하던 제주 문우가 문주란 향을 자랑하더니 깜짝 선물로 택배를 보내온 것이다. 문주란 모종 두 포기와 꽃 진 자리에 맺는 알 씨앗 한 움큼, 문주란을 감싼 흙에는 숙면에 좋다는 화산송이가 함께 들어있었다. 화산 폭발로 흘러내린 용암의 흔적이 만들어낸 화산송이는 반들반들하지도 예쁘지도 않은 돌이다. 영락없이 재티 향이 곧 날 것만 같다. 화상송이도 그렇지만 문주란은 섬 밖 유출이 허용되지 않을 텐데 어찌 보냈을까. 자신이 손수 척박한 땅을 일구고 문주란의 개체수를 늘렸다더니 이만한 불법은 허용되지 않을까 모험을 감행한 것이리라.

작은 새알 같은 문주란 씨앗과 남은 모종을 심으려면 흙도 화분도 더 필요하다. 문주란 꽃향기가 기막히다는 전언 때문일까 지인의 정성을 본 때문일까. 남편의 채근을 듣고 아픈 허리를 끌고 나가서 만만한 화분도 고르고 모래흙과 분갈이용 흙도 사 왔다. 혹시 씨앗이 잘 싹튼다면 지인들께도 선물해야지. 소꿉놀이 같은 작은 화분도 색색으로 몇 골라왔다. 시기를 놓쳐 웃자란 옥

수수 모종 같던 문주란을 심고 보니 제법 화초 모양을 띤다. 천리 먼 하늘길을 날아온 문주란이 비로소 제자리를 잡았다. 올망졸망한 씨앗에도 제주에서 따라온 몇 줌의 흙을 조금씩 나눠 주고 낯선 환경에 행여 몸살이라도 앓을까 공을 들인다. 딴엔 그 아이들에게 보일 수 있는 최선의 노력이다. 처음엔 그냥 지나쳐 보았던가. 다음 날 본 문주란의 상처가 있어 지지대로 받쳐주고 노랗게 마른 줄기는 깔끔하게 다듬어 주었다.

그러다 나는 그 녀석을 발견한 것이다. 너무 놀라 탄성이 터져 나왔고 흥분을 감추지 못했다. 판매되는 흙에 생명이 있을 수 없으니 분명 제주 달팽이렷다. 녀석은 늘 보아온 달팽이와 생김도 다르다. 짊어진 등짐은 납작하고 찍은 사진을 크게 키워보니 털인지 돌기인지 몇 보인다. 내가 이제껏 보아온 것은 민달팽이나 우렁이 등짐을 진 달팽이가 고작이었다. 생김은 다르지만 어떻게 내게 온 손님인가 그 미물에게 나는 이미 마음을 열었다. 제주의 아침 햇살과 맑은 이슬, 짭조름한 바닷바람을 공유했던 그들이 오래오래 함께 어울리기를 기원했다. 제주 문우에게 달팽이가 문주란을 따라왔노라 사진을 보내니, 생활 반경을 제주로 옮겨간 지 퍽 여러 해인 문우는 '나도 못 간 포천을 달팽이가 갔다고?' 진한 그리움이 밴 일성이다. 어쩌다 통화나 톡을 주고받지만 눈에 선한 이 지역이 왜 그립지 아니했을까.

그날 이후로 나는 눈만 뜨면 달팽이와 아침 인사를 나누고 일과를 시작했다. 작은 움직임이라도 감지할까 싶어 수시로 들여

다볼 만큼 안달이 났다. 덕분인지 차츰 요통도 잊어갔다. 문제는 녀석에게 정성을 다하고 싶지만, 먹이가 뭔지도 모르고 방법을 모르니 답답할 노릇이다. 한낱 미물이라지만 내게로 온 손님 아닌가. 겨우 분무기로 물을 품거나 양쪽 화분을 오가라고 잎사귀를 잇대어 줄 뿐이다. 정말 신기한 것은 내 의도를 알아챈 듯 양쪽을 오가며 가끔 파리똥 같은 배설물을 군데군데 만들며 존재를 과시한다. 그것마저도 내겐 귀엽게 보였으니 행여 심심할까 했던 기우도 사라졌다. 내 관심을 한몸에 받는다는 것을 녀석은 알까? 선불리 한번 만지지도 못하면서 쏟는 애정만은 남다르다.

서울 수필 수업 날이었다. 종일 걱정하다가 돌아와 보니 아니나 다를까. 녀석은 아침에 있던 자리 그대로다. 하루 이틀 미동이 없어 걱정하면서도 희망을 품고 애꿎은 분무기만 품어댄다. 이대로 생명이 다한 걸까 마음이 무거운 사흘째 나를 봐 달란 듯 초록 이파리를 배회한다. 녀석은 고독을 즐기려는 건지 나와 밀당하려는 건지 종종 나를 골탕 먹이려 든다. 녀석이 내게로 온 지 3주 차가 지나면서 그사이 또 움직임 없이 여러 날이 흘렀다. 이번에는 기어이 희망을 저버리는구나. 나흘째 날 조심스럽게 잎사귀를 당겨 안장시키려고 흙에 내려주었다. 이번에도 녀석의 밀당이었나, 초록 잎사귀를 찾는 잰걸음을 보니 미소가 절로 번진다. 그러고는 추석 연휴다. 차마 달팽이 때문에 갈 수 없다거나 삼부자만 다녀오면 안 되겠냐는 말은 공허한 외침이기에 애써 삼키고 만다.

걱정을 안고 2박 3일을 비웠다가 돌아온 집, 그동안 물 한 모금 못 먹었을 테니 녀석에게 제발 움직여달라고 할 염치도 없다. 죽은 듯 고요하던 녀석의 내 걱정을 알았을까 미세한 움직임으로 나를 안심시키더니 다음 날부터는 아예 내 앞에서 종적을 감춰버렸다. 대체 어디로 간 것일까. 생을 다했어도 흔적은 남았어야 할 텐데. 설마 스스로 흙에 스며든 건 아니겠지. 궁금해도 화분을 뒤져 알아볼 용기도 내겐 없었다. 채 한 달도 못 되는 시간을 내 마음에 들어와 사진 몇 장, 점점이 작은 배설 흔적만 남기고 간 달팽이, 주자께서 이르시던 말씀처럼 '**不接賓客**'을 향한 후회를 남기고 떠난 달팽이를 나는 깊이 애도하노라.

2020. 10.

나의 봉당

이른 봄, 아침햇살 드리우는 이 계절 내 공간에 그려지는 정겨운 거실 풍경을 나는 참 좋아한다. 이 시기의 베란다는 거실 안쪽 깊숙이 파고드는 아침 해를 온전하게 받아들인다. 솜씨 없는 여인네에게서도 잘 자라주는 화분들과 햇살이 만들어내는 그림자 예술이 있어 위안을 삼는다. 해가 떠오르며 만들어내는 정경은 음영을 달리해 그림자의 길이를 바꿔가며 더욱 강렬하게 내 시야를 만족시킨다. 자연이 만들어 준 문양에 황홀경은 극에 달한다. 아침 시간이 만들어 낸 그림은 어릴 적 봉당 추억과 맞닿아있으니 왜 아니겠는가.

오래전 작고하신 친정아버지는 전쟁이 발발하기 전 38도선 경계에 사셨다. 각자 일상에 맞춰 낮에는 양쪽 진영 모두 평온한 듯 시치미를 떼고 있었지만, 밤만 되면 이념분쟁이 가시화되어 티격태격 반복했다고 한다. 급기야 6·25 한국전쟁이 발발했다. 장장 삼 년간의 길고 긴 전쟁이 터진 것이다. 더는 견디지 못하고 가족을 이끌고 일가붙이가 사는 집성촌으로 피난을 나오셨다. 첫 아내를 잃고 홀아비 신세가 되시어 피난을 나왔으니 눈물겨운 시절이 아니었을까. 때마침 집을 새로 지어 세간을 나려 했던 집안 아저씨는 만형님이 돌아가시는 바람에 어머니를 모시고 본가에 남게 되었고, 짓고 있던 새집은 아버지가 마무리 지어 눌러사시게 되었다. 그때부터 우리 집은 뚝박골 대부댁이 되었다. 아버지가 사시던 곳이 청산면 백의리 뚝박골이라는 동네였던가 보다.

내 나이 예닐곱쯤 되어 대청마루가 놓였다. 그전까지는 반질반질한 봉당이 있어 오라비가 발뒤꿈치를 빙 돌려서 만들어준 오목한 구멍에 동생과 둘이 구슬치기를 하고 놀았다. 거의 전부를 잃은 어린 날의 기억이지만 봉당의 아련한 추억만은 지금도 생생하다. 지금도 가끔 따스한 햇볕이 곱게 퍼지던 어린 날의 봉당을 떠올린다. 마루가 놓이고 툇마루가 생겨나면서 곱다랗게 다져진 봉당에서의 놀이는 잃어버렸지만, 널찍한 마루가 생겨났으니 내겐 밑지는 장사가 아니다. 점점 자라면서 청소할 구역이 늘어났다는 단점이 있었지만, 큰방 작은방 드나드는 데 땅을 딛지 않아도 되니 더 큰 장점이었을지 모른다. 더구나 농가에서의 마루는 그 쓰임새가 많았다. 광이 따로 있었지만, 입구가 너무 좁아 활용하기가 불편해 추수철이면 잡곡을 쌓아두거나 여름날 마당에 모깃불을 놓고 대청마루에서 밥을 먹었다.

그 이름도 정겨운 봉당의 추억처럼 또 하나의 아름다운 그림이 있다. 달덩이처럼 곱던 언니는 매일 아침 부모님의 흰 고무신을 눈부시도록 닦아 물 빠짐을 위해 툇마루 끝에 세우거나 엎어 놓았다. 안마당에 우물을 파고 펌프 시설을 할 때 동생이 우물에 빠졌다가 삼태기를 타고 올라왔다는 이야기며, 커다란 암반으로 우물 파기를 중단해 심한 가뭄에는 식수가 모자랐다. 이로 인해 한겨울에는 이웃에 물을 길으러 다녀야 했다. 물 묻은 손등이 터지고 물이 찰랑거리다 넘쳐 월남치마가 삽시에 얼어 버석거렸다. 지금 걸음이 빠른 이유는 이웃으로 물 길으러 다니고, 누렁이의 여물을 끓이는 뜨물 가지러 종종걸음을 치던 버릇이다. 하나 덧붙이자면 들판에 밥 광주리 머리에 이고 들판을 가로질러 다닐 때도 역시나 잰걸음이었다. 음식이 식을세라 바람을 가르고 걷던 버릇으로 지금도 걸음이 재다.

마루 끝 봉당에는 간혹 보부상 아주머니들이 짐을 내려놓고 난을 펼치기도 하고 쉬어가기도 했다. 주기적으로 다녀가는 단골 생선 장수 아주머니는 우리도 어머니도 모두 기다리는 분이었다. 간이 적당하게 배인 자반고등어나 꽁치, 갈치, 임연수어가 주 상품이었지만 그것만도 우리에게는 최상의 반찬이었다. 멀리 아랫녘에서 죽 제품을 가지고 오거나 꿀 장사도 간혹 있었는데, 꿀 장수가 다녀간 뒤에는 여지없이 '그 꿀 가짜라더라.'라는 말이 돌기도 했다. 농가에서 필요한 작업복 파는 아주머니 물건은 군복을 염색한 게 대다수였는데, 그 아주머니는 답답하리만치 매우 쉰 목소리였다. 항간에 떠도는 사연이 난리 통에 자식 여럿을 모두 잃고 너무 울어서 목소리를 잃었다고들 했다. 어릴 적 들은 이야기니 신빙성이 얼마나 있는지 모르지만, 시대가 만들어낸 낭설인지 실제 그분의 아픔인지 사실은 저 너머에 있을 뿐이다.

옛 봉당에 추억을 뒤로하고 오늘도 아침 햇살 쏟아지는 베란다와 거실 풍경을 바라본다. 그림자가 만들어 낸 아름다운 정경에 빠져 없는 솜씨를 발휘해 수묵화라도 그려보고, 선비들의 기상을 떠올리는 난이라도 치고 싶다. 계절 따라 해가 뜨는 곳이 다르고 시간 흐름에 따라 날씨에 따라 음영을 달리하면서 보여주는 그림자 예술, 오후에는 볼 수 없는 나의 봉당 풍경이다. 봄 햇살이 만들어낸 우리 집 거실과 베란다의 정겨운 그림, 자연과 계절이 내게 맞춤처럼 만들어준 나의 봉당에 이 봄에는 새로운 그림을 만들어보고 싶다. 어떤 화분이 놓이면 그림자가 더 멋져질까. 어떤 그림이 나올지 나의 색다른 봄을 그려보자. 자못 기대되는 바이다.

2023. 3.

장미주점

똑같은 일상을 살며 내 집 가까이에 시장 골목을 수시로 지난다. 젊어서부터 수십 년째 다니는 미용실도 시장 언저리에 있고 오일장도 종종 보러 간다. 닷새마다 오일장이 서는 날이면 손님이 많거나 적거나 상인들 간 소통만으로도 왁자한 시장 분위기를 만든다. 삶이 무료할 때 시장을 찾으라고 했던가. 시장은 언제나 삶의 활기가 넘쳤다. 그 왁자했던 장마당도 장이 안 서는 날에는 주차장이 되어 고요만이 흐른다. 해거름이 되면 네온이 밝혀지고 지친 가장들을 위무한다는 명목으로 손님을 부르지만, 적어도 대낮 시장 언저리 풍경은 그랬다.

지난해 이른 봄부터 먼 나라에서 들려온 전쟁 소식은 장미의 계절을 지나고 결실의 계절과 눈의 계절을 지나고도 끝날 기미가 보이지 않았다. 어쩌자고 이 최첨단 시대에 무력을 앞세운 전쟁을 벌이는가. 우리 역시도 핵을 머리에 이고 살아가는 형편이고 보니 남 일 같지가 않았다. 그 처참한 전쟁을 영원히 피할 수 있다면 얼마나 좋을까. 우리의 현실을 매일 매 순간 생각하고 살아간다면 희망찬 꿈과 미래는 상상할 수도 없을 것이다. 만일 그런 삶이라면 삶은 또 얼마나 지리멸렬하고 무미건조할 것인가. 안보 불감증이란 평화를 가장한 현실 외면이요 안일한 정신무장일 것이다. 과한 낙관주의로 다 쥔 보석을 손가락 사이로 잃지는 않아야겠다. 그저 나랏일이든 안보든 전문가들이 더 잘 운영할 터이고, 우리 국민은 각자의 할 일을 다 하며 살아가면 되지 않을까.

20여 년 전 출판계를 놀라게 한 종군기 『사막의 전쟁터에서도 장미꽃은 핀다』 조선일보 강인선 기자의 책 제목이다. 2003년 미국과 이라크戰에 종군기자였던 강인선은 여성 종군기자로서 보도 자료에 쓰이지 않은 그녀만의 전쟁 기록물을 엮어낸 책이었다. 인류의 역사는 전쟁과 더불어 남성들의 역사로 쓰여 왔을 것이다. 전쟁 한가운데에서 종군 기사를 써왔을 그녀에게 비친 전쟁사를 그녀는 어떤 해석을 했을까. 그녀는 어찌 여성의 몸으로 종군기자를 선택했을까? 두렵거나 무섭지 않았을까. 젠더 갈등이 이슈화된 21세기 그녀의 기자 정신은 그래서 더 아름답다. 책 말미에 '전쟁은 결국 살인과 파괴다. 그러므로 좋은 전쟁은 없다.'라고 한 그녀 말이 가슴을 찌른다. 그녀가 종군기자 시절에 만난 장미꽃은 희망의 불씨요 사랑과 행복의 상징이 아니었을까. 제목만으로 당시 그녀의 심상을 유추해 볼 뿐이다.

장미는 종주국이 무색하게도 전 세계인들의 사랑을 받는다. 원예연구가들의 노력을 더 하여 다양한 색상의 장미를 키워냈으니, 보는 이들을 더욱 황홀하게 만든다. 그중 장미의 상징 붉은 핏빛 장미는 더욱 정열적이다. 책 제목에서부터 오는 감농, 戰場에 핀 꽃이 튤립이었다면, 혹은 백합이었다면 아마 그 감흥은 절반이었을 것이다. 나는 그 감동에 비견할 수는 없지만 어떤 찰나에 맞닥뜨린 순간을 잊지 못한다. 얼마나 지났을까. 나를 숨죽여 걸음을 옮기게 했던 날이, 나는 평소 시장통을 지나려면 주점들과 또 그 비슷한 안주 집들을 비껴간다. 주인은 주점 생리상 오후 늦게야 출근할 것이다. 거의 빈 골목 같았던 고요한 날에 생경한 피아노 선율이 귀에 감긴다. 골목 입구에서부터 작은 호기심을 자극했지만, 누군가 TV나 라디오 볼륨을 키웠나 싶었다. 시장 골목에 때아닌 고급 선율이 그렇게 내 발길을 당긴다.

피아노 소리가 흘러나오는 곳은 놀랍게도 주점이었다. 빼꼼히 열린 '장미'라는 주점 안쪽에 놓인 피아노를 보았고 실루엣으로 알 수 있는 중년 여인의 연주를 보게 되었다. 좀 더 과장되게 표현하자면 전장에 핀 장미로 가슴이 뛰었을 강인선 종군기자를 나는 이해할 수 있을 것 같았다. 그 여인은 왜 때 이른 시간에 나와 피아노를 벗하고 있었을까. 쇠털같이 많은 날 중에 갑자기 마음이 울적했던 걸까, 지나간 첫사랑이라도 떠올라 심사를 달래려던 것일까. 혹은 눈물 고인 추억이라도 있었던 걸까. 아니면 피아노에 담긴 달콤한 기억이라도 있었던 걸까. 그도 저도 아니면 피아노를 배우던 어린 시절이 떠올랐는지도 모르리라. 일시에 떠오르는 객쩍은 생각이 꼬리에 꼬리를 문다.

내가 골목을 지나는 시간은 주로 낮 시간이다. 시장을 가로질러 커브를 돌아 K 은행을 가거나, 동생에게 볼일이 있어서 동생 가게를 가거나, 이든 저든 저녁에 나다닐 일이 거의 없으니 피아노가 놓인 주점 안 풍경도 처음 보았다. 아직 문이 열릴 시간은 아닌데 주인은 대체 어떤 심상으로 피아노 연주를 하고 있었던 걸까? 아니, 내가 조금만 연주곡에 조예가 깊어 연주곡 제목이라도 알았더라면 하는 망령된 생각이 스친다. 피아노 소리에 홀려 나는 급속하게 장미주점에 흥미가 생겼지만, 생각으로의 깊이만 더할 뿐 선뜻 다가갈 생각은 못 한다. 그럼에도 시간이 갈수록 날이 갈수록 궁금증은 더해만 간다. 결코, 어려 보이지 않던 주점 여인은 어떤 사연으로 이 시골 장터의 작은 주점까지 흘러왔을까? 현실은 타인에게 무관심으로 대해야 하니 궁금증만 증폭될 뿐이다.

나도 이곳에 자리 잡고 산지 칠팔 년이 되었지만 생경한 풍경인 것만은 확실하다. 추억이 담긴 곡이 확실했을 여인의 연주곡이 귓전에 맴돈다. 중년 여인으로 미루어 유복한 가정의 전유물과 같은 피아노 연주는 레슨만으로도 저런 자연스러운 연주를 할 수 있는 걸까? 그렇다면 저 곱상한 얼굴로 이 척박한 시장통까지 어떻게 흘러왔을까. 사랑의 아픔을 겪었을까, 가까운 이로부터 신뢰가 깨어졌을까. 아니 어쩌면 아무런 사연 없이 경제활동으로 주점을 운영할 수도 있으려나? 드라마에서 보던 애틋한 상황극처럼 온갖 상상을 해 보았지만, 그녀의 지나온 삶의 여정보다 현실 속에 피아노 연주가 더 궁금해 주위를 배회한다. 그 후 한 번도 마주치지 못한 그날의 풍경은 어떻게 만들어졌을까. 우수에 젖게 하는 안개도 비도 내리지 않았는데 말이다.

종종 그 앞을 배회하고 지나쳤지만, 그날 이후 내 발길을 붙잡던 피아노 소리는 더 이상 들리지 않았다. 그러나 나는 또다시 기다린다. 우연히 그 길을 걷다가 달콤하게 혹은 우수가 깃든 피아노 소리가 들리게 될 날을 나는 조급하지 않게 기다린다.

나이에 물들다

이십 수년 전 불혹을 넘기면서 나는 묘한 성취감에 신이 났었다. 바보가 아닌 다음에야 중년으로 치닫는 게 좋을 리 있을까만, 중년 여인 평준화에 낄 생각에 그랬는지 마음이 편해지는 것 같았다. 청개구리도 아니고 그럴 리가 있겠느냐는 지청구도 달게 들을 것 같다. 이십 수년이 지나고 21세기 최첨단 시대를 살아가는 현시대는 사람들의 나이를 가늠할 수 없게 되었다. 부지런하고 돈만 있으면 나이도 잊게 만드는 기현상, 참으로 신기한 세상을 살고 있지 않은가.

가끔 시내를 나갈 일이 있거나 친구들을 만나게 되는 젊은 날에는 시골 살림에 묻혀 살림에 찌든 모습을 들키고 싶지 않은 마음이었다. 꾸미고 차려입는다고 시골 아줌마티를 벗어날 수 없었다. 친구들끼리야 시골티 난다던가 나이 들어 보인다고 할 리가 없다. 그럼에도 시골 여인네인 내가 지레짐작으로 갖는 자격

지심이었을 것이다. 번듯하고 멋스러운 친구들 사이에 끼인 나는 어깨가 으쓱하지만, 한편으로는 왠지 친구들 보기 미안해지고 부끄러워지기도 했다. 누구인들 멋 내고 싶지 않을까만 꾸미고 나가본들 더 어색할 뿐이니 주어진 대로 생긴 대로 살 뿐이다. 그런 나를 친구 대열에 넣어 모임마다 불러주고 끼워주는 것이 고마울 때도 있었다.

오십 고개를 넘어 육십 줄을 지나니 세월에 가속도가 붙는다. 이렇든 저렇든 중년 대열에 낀 것이 나는 좋았다. 누구는 더 젊어 보이더라, 식의 비교도 그리 상처가 되지 않는 나이가 된 것이다. 돈이 좋고 의학이 좋은 세상, 의학의 힘을 빌려 젊음을 유지한들 그 또한 영원할 수 없다. 육신의 나이와 정신적 나이를 어찌 거스를 수 있단 말인가. 내 소망은 곱게 지혜로운 할머니로 나이 들고 싶지만, 지혜로운 어른이란 그냥 저절로 생겨나는 건 아닐 것이다. 살아가면서 체득한 많은 삶의 경험들이 축적된 '어른'이라는 수식어에 존경을 표해야 하지 않을까. 서양 속담에 마을 어른 한 분이 돌아가시면 도서관 하나를 잃는 것과 같다고 하듯이 숱한 세월 속에 녹아든 보상 같은 수식어가 '마을 어른'이 아닐까.

늙어지는 만큼 지혜도 쌓이고 경험도 쌓여 주위에 순기능을 끼칠 테니 잃은 만큼 채워지는 것 같다. 노령사회로 진입해서인지 예전에 회갑연 하듯 칠순 잔치 팔순 잔치를 하고 하늘의 복이 닿아 부부가 함께 해로하여 회혼식을 맞기도 한다. 엊그제 평소 존경하는 지인의 회혼식을 다녀왔는데 더없이 복되고 의미 있는 행사였다. 부부의 연을 맺어 60년 세월을 삶의 동반자로 살아왔으니 하늘이 내려준 복이 아니고 무엇이겠는가. 행정직 공무원으로 퇴직하신 후에도 여러 단체장을 거치신 이력 때문인지 행사장은 입구부터 주차 전쟁이다. 평생을 성실하고 아름답게 살아오신 증거가 아닐까. 사회 곳곳에서 당당한 일원으로 살아가는 자녀들과 손자 손녀들이 있어 그 자리가 더욱 빛이 난다.

오신 손님마다 기쁜 마음으로 인사를 나눈다. 영상으로 보는 한 가장의 히스토리와 한가정의 일대기가 인상 깊다. 정년을 마치시고 서울 성균관대까지 사진을 공부하러 다니셨다더니 준비된 PPT가 더 알차고 풍부하다. 공무에 바빠서 야근 특근을 밥 먹듯 하느라 집안 살림은 몽땅 아내 몫이었다고 오늘의 영광된 날이 아내 덕분이라는 뒤늦은 치하와 고백은 뜨거운 박수를 불러왔다. 일하실 때는 열정적으로 일만 하느라 당신을 위한 회갑연도 칠순, 팔순도 없었으나 이렇듯 회혼식을 맞는 날이 오더라는 감격 소회가 완곡하시다. 긴 세월 해로하셨으니 큰 복이 아니신가. 단 하나, 가슴에 묻은 큰아들 가족을 보는 애틋한 눈빛에서 더 큰 사랑을 확인한다. 아픔도 사윌 만큼 시간이 흘렀어도 평생의 아픈 손가락이었음을 고백하셨다.

장소가 비좁아 200명 한정하여 손님을 모셨다는데 필자도 그 중 일원이었다는 것이 감사할 뿐이다. 더하여 화환과 축의금 없는 행사인데 답례품까지 준비하셨으니 죄송하기 이를 데 없다.

누군가의 노을빛 인생에는 지나간 세월만큼 아름다운 이야기가 담겨있다. 세상에 빛나지 않은 별이 없으며 의미 없이 피어난 꽃도 없다고 했다. 우리네 인생도 그와 크게 다르지 않으리라. 지인께서는 일평생 지역을 위해 행정직으로 봉직해 오신 성품대로 꼼꼼하게 행사를 위한 준비를 하나씩 해 오신 듯하다. 젊은이 못지않은 추진력으로 초청 손님을 맞으시는 홍조를 띤 모습은 연세와 무관하게 보이시니, 나도 아름답게 나이 들고 싶다는 마음이 커진다. 노을빛 인생이란 그래서 우리와 함께하는 동반자가 아닐까.

'예순다섯?' 새해 들어서 갑자기 내 나이를 자각하고 화들짝 놀란 바 있다. 나이 듦이 좋은 것도 없지만 그리 나쁠 것도 없다는 자신감이 생긴다. 아름다운 노년을 위해 매 순간 진실하게 살아간다면 나도 곱게 늙어갈지 모른다. 그것이 자연에 순응하는 일이요 자연의 섭리라면 내 순순히 그리 살리라. 한해살이풀은 한 해를 끝으로 생을 마감하지만, 꽃을 피우고 열매를 맺어 다음 생을 이어가기도 한다. 여러해살이 식물은 긴긴 겨울을 땅속에서 은근과 끈기로 살아남아 새봄을 맞는다. 돌아보면 우리네 인생사와 같지 아니한가.

2023. 3.

2부
기도

반면교사

집 가까이에 주치의처럼 드나드는 작은 병원이 있다. 온 세계를 발칵 뒤집고 가정에서도 마스크를 쓰는 기이한 시절을 겪을 때였다. 연일 감염자 추이를 지켜보는 것은 물론이오, 삼삼오오 만남도 허락되지 않던 지난봄이다. 기다리던 백신 접종 차례가 되어 병원을 찾아 대기실에 앉아 있을 때 작은 소동이 일었다.

원장님은 정형외과를 보시고 옆 진료실은 내과 진료를 보는지라 개원 이래 단골이 된 지 이십여 년이 넘었다. 시국적 최대 이슈인 감염증에 대항할 백신 접종에 맞춰 내원한 참이다. 잔병이 많아 부실한 듯해도 비교적 큰 병 없이 이순을 지나왔다. 정형외과를 보시는 원장님 명성으로 병원은 늘 초만원인 데다가 백신 접종까지 더한 탓에 긴 대기석 세 줄이 꽉 찬 풍경이다. 안 그래도 오전 시간은 대기자가 늘 만석인 곳이다. 거기다 백신 접종까지 더 한 번잡함이다. 문진표 작성을 끝내고 기다리는데 좀체 대기자가 줄어들지 않는다. 기다림이 점점 지루해지자 대기자 전광판에 자꾸만 눈이 간다. 그때쯤 날카로운 여인의 음성이 들려왔다. 마스크 때문인지, 남 일에 신경을 쓰지 않는 개인주의 탓인지 많은 사람이 있어도 조용하기만 하던 대기실은 삽시간에 시선이 한곳에 꽂혔다.

"아니, 대기 순서가 왜 자꾸만 뒤로 밀리냐고요?"

날카로운 여인의 항변이다.

"정형외과는 내과랑 다르잖아요. 원장님이 상담하시고 X레이 찍고 다음 환자 보는 동안 사진 나오면 또 원장님이 판독 진단하시고 어머니도 다 아시잖아요."

대기자 순서가 적힌 전광판에 자기 이름이 당겨졌다가 뒤로 밀리는 반복된 상황에 불만이 터진 것이다. 원무과 직원들과 간호사들이 오가며 설명하려 해도 화는 쉬 삭는 것 같지 않다. 재진, 삼진, 물리치료 환자들이 섞여 있다 해도, 내과 진료실과 비교가 되니 한번 해 본 말이려니 짐작해본다. 상대적으로 내과의 빠른 시스템이 여인의 화를 불렀을까? 예상된 시간이 빗나간 트집일까. '아니, 내 순서가 분명 몇 번이었는데 다시 밀리고 또 밀리고 번번이 그러니 말이 되냐고요?' 소란을 피웠으니 정당성을 주장해 보지만 설득력은 딱히 없어 보인다.

대기실의 많은 시선이 그녀에게 꽂힌 건 당연했다. 나름 패션 감각도 있어 보이는 것은 검정 상·하의에 검은 백을 메고 같은 톤의 모자까지 한껏 멋을 낸 흔적이다. 요즘은 연령대를 함부로 추측할 수 없을 만큼 젊게 사는 세상이니 나이 가늠이 조심스럽다. 그럼에도 주위 시선에 신경 쓰지 않고 큰 목소리를 낸 것을 보아 연식이 있을 거로 추측할 뿐이다. 겨우겨우 경험 많은 간호사가 다가와 조곤조곤 설명하고서야 조용해졌지만 이미 분위기는 썰렁해졌다. 나는 잠시 올 초 손목 이상으로 정형외과를 내원했던 때를 떠올렸다. 아닌 게 아니라 감기 환자가 급증하는 환절기를 제외하고는 내과에 비해 늘 초만원인 정형외과는 그날 풍경도 그랬다. 정형외과란 재진 환자 아니고는 상담을 통한 문진과 X선 촬영이 대부분이다. 거기에 판독과 진단 중간중간 깁스나 처치가 잡히면 부지하세월이었다.

자주 드나들지 않았었기에 새로 부착된 전광판이 생소해 자꾸 눈길이 가는데 순번은 좀체 줄어들지 않는다. 앞서 부른 사람 잠시 후 또 부르고 대체 왜 이러는 건지 갸웃해졌다. 이상하게 느껴졌지만 이의 제기를 하지 않았던 것은, 딱히 나만 부당한 일을 겪는다는 생각보다는 내심 바쁜 시간에 병원을 찾은 내 탓을 하고 있었다. 그리고 잠시 후 정형외과 시스템을 금세 알아챌 수 있었으니, 나 역시나 초진 상담과 X선 실을 다녀 나오며 상황은 분명해졌다. 다행히 X레이 판독 결과 뼈는 이상이 없고 근육이 놀라 통증을 유발했으니 물리치료 몇 번으로 치료가 가능하리라는 진단이었다. 실제 경험을 하고 나니 너무나 이해되는 상황이었다. 진료과목마다 진료시간이 다른 건 다양한 의료진의 상담 문제일 것이다. 과목별 특수성을 생각하면 다름을 인정할 수밖에 없지 않은가.

그날 잠시 잠깐 기다림이 지루해서 혹은 나만 손해를 보는 것 같아서 볼멘소리를 했더라면 퍽 무안했을 것 같다. 오늘이 딱 그날 풍경과 유사하다는 생각이 미친 건, 여인의 높은 옥타브를 듣는 순간 덩달아 내 얼굴이 달아올랐기 때문이다. 그날의 내가 떠올랐고 자칫 불만을 털어놓는 이가 나였을 수도 있었다는 생각에서이다. 드디어 차례가 되어 원장실에 들어간 여인은 대기실에서 있었던 소동을 고백한 듯하다. 진찰실을 나오며 간호사에게도 시끄럽게 해서 미안했다는 말을 하고 있었기에 드는 생각이다. 그사이 나도 내과 과장님과 가벼운 상담을 거쳐 백신 접종을 하고 삼십 분간 추이를 지켜보고 나서 귀가하라는 주의를 듣고 앉아 있던 참이다. 한결 헐렁해진 대기실을 보며 무엇이든 찰나에 지나지 않다는 생각이 스친다. 그 여인도 같은 마음이지 않았을까.

그 누구도 병원 출입을 즐겁게 하는 이는 없으리라. 어딘가 불편한 기색을 안고 방문했으니 예민해진 탓에 비롯된 해프닝은 아니었을까. 그렇더라도 조금의 불편함도 용납하지 않으려는 현대인의 이기심이 문제를 만들지 않았을까. 오늘 내 이웃의 언쟁은 어쩌면 나였을 수도 있었다는 그림을 그려본다. 순간의 감정을 제어하지 못해 드러난 감정선, 나로 하여 다른 누군가의 심기가 불편하고 불쾌했을 수도 있음을 반면교사 삼아야겠다. 분명 자신의 감정이면서 자신의 감정을 컨트롤 못한다면 주변을 불편하게 할 뿐이다. 어떤 상황이더라도 한발 물러서는 아량을 가져 보자. 한때의 내 감정이 투영된 여인을 보며 나를 깨우고 공공의식에도 주의를 기울여야겠다는 자성을 해본다.

2021. 4.

Replay 신토불이

과거 첫 민주 대통령의 독특한 사투리가 간혹 말썽을 빚었던 때가 있었다. 집권 당시 거센 거제도 사투리는 전혀 다른 뜻으로 와전되어 종종 우스개로 회자되었다. '이 지역을 국제적인 관광단지로 만들겠습니다.' '관광단지'가 '강간 단지'로 들렸는지 코미디 프로그램에 마구 써먹었다. 나도 경북 남자를 만나 살면서 종종 느끼던 사안이다. 특히 남편이 전화하면서 한 단어를 두세 번 반복하면 재빨리 눈치를 채고 수도권 말로 바꿔주는 경우가 많았다. 경북에 산 세월보다 경기 북부권역에 산 세월이 훨씬 길지만, 고향 사투리를 버리지도 극복도 못 하는 남편이다. 본인 자신은 고향을 사랑하는 것으로 생각할지도 모르겠다.

그 대통령 시절에 가장 기억에 남는 것은 개인적으로 금융실명제와 신토불이였다. 돈 많은 이들이 차명을 써서 경제 질서가 파괴된다는 것인지, 왜 실명제가 필요한지 나는 알지 못했다. 또 다른 단어 신토불이도 의아했다. 당시는 당연하게 국내산 농산물만을 소비했던 시절이다. 중국과의 교역이 없던 시절이라 미국산 정육이나 밀가루 정도가 전부였을 것이다. 뒤이어 '우리 몸엔 우리 건데, 남의 것을 왜 찾느냐……'라는 흥겨운 노래 '신토불이'가 전국을 강타했다. 그 가수는 그 노래 하나로 일약 스타가 되었다. 방송국에서 무대를 만들거나, 공개방송 뒷일을 하던 그에게, 노래 솜씨를 알아본 방송 진행자가 막간을 이용해 생방송 중에 노래를 시켰던 걸 생생히 기억한다. 처음 잡은 마이크에 부들부들 떨던 그가 실력 발휘를 제대로 못 했지만, 행운을 잡은 운명의 날이었다.

나의 길지 않은 필력으로도 멋진 문우님들을 많이 만났다. 나 자신도 그렇지만 어차피 작가 생활은 제1 취미생활일 가능성이 크다. 글을 쓴다는 것을 직업이라 말할 수 있는 사람이 얼마나 있으랴. 그러니 직업은 따로 있고 글 작업은 번외이며 작가의 열정이 녹아든 삶의 결정체일 뿐이다. 노을빛 인생에 느지막이 혼신을 담은 역작을 쓰고자 노력하고 또 노력하는 열정을 어찌 존경하지 않을까. 많은 선생님 중에 실버넷 뉴스를 진행하는 앵커 작가님이 계시다. 젊은 시절 낙농업을 하시며 곱게 나이 드신 최 작가님은 취재도 하고 기사를 쓰고 영상을 직접 만드는 시니어 앵커시다. 한동안 후배들에게 기회를 주어야 한다며 수필작업에만 매진하시더니 다시 마이크 앞에 선 모습이 새삼 더 멋지시다.

길지 않은 실버넷 뉴스 영상은 단체 톡 방에 올리기도 하고 또 개인적으로도 보내줄 때도 있다. 영상을 감상하자면 주부 역할에만 묶여 게으름피우는 내가 부끄럽고 바보 같다. 그날 중에 어느 하루, 한 영상이 내 마음을 아리게 한다. 넓고 너른 벌판이 온통 꽃밭을 배경으로 한 지방의 관광 홍보영상이었다. 지자체 이후 그런 곳이 어디 한두 곳이랴. 꽃을 싫어하는 이 뉘 있을까만 농작물이 심겨 있다면 더 보기 좋을 것 같은 건 내가 농부의 딸이었고 농부의 아내였기에 드는 객쩍은 생각이다. 1차 적인 이유는 농촌에 젊은 인구가 빠져나가 농토를 지켜낼 도리가 없었을 것이다. 지역에서는 자구책으로 곳곳에 꽃 단지를 만들어 댄다. 한때는 빈 농지에 벌금을 안기고 다른 한편 일손을 덜어주는 농기계가 발달되어도 젊은 인구감소는 좀체 막아내지를 못하였다.

저 너른 벌판에 하얗게 메밀꽃이 피어있다면, 콩잎이 너울너울 펄럭인다면 얼마나 더 보기 좋을까. 자꾸만 엉뚱한 생각이 든다. 크고 좋은 상품을 키워내느라 성장촉진제를 사용한다는 이웃 나라 농산물을 소비한 지 퍽 오래되었다. 물론 국산 농산물도 있다. 그러나 수효 면에서 가격 면에서 경쟁이 될 수가 없다. 수효가 적은 국산은 가격도 비싸지만, 대륙에서 건너온 농산물은 가격 대비 겉까지 멀쩡하다. 내 농산물이 내 몸에 더 좋다는 것을 모르지 않지만, 알고도 취하게 되는 대륙産이다. 뻔히 다 알면서도 도리가 없다. 나에게는 아직 고향 형님들께서 철마다 보내주시는 농산물이 있어 그 고민으로부터 해방되었지만 도심 주민들이야 별다른 도리가 없다. 비싼 돈 주고 내 것을 먹느냐, 성장촉진제와 농약잔류 걱정을 안고 외국산 농산물을 먹느냐에 갈림길이다.

대 감염증이 하향곡선을 그리며 거리 두기 완화 소식이 들리고 사방 꽃소식이 전해지는 완연한 봄이다. 그 봄날에 난데없이 날아든 세계 곡창 우크라이나의 전쟁 소식이다. 우주를 드나들고 Ai가 인간의 일을 대신에 하는 최첨단 시대에 이 무슨 때아닌 전쟁인가. 전 세계를 강타했던 감염증이 약세를 보일 즈음, 모든 일상과 경제적 복구가 시급한 이 시점에 전쟁이라니 이해가 되지 않는다. 세계가 인정하는 미녀의 나라, 해바라기의 나라, 러시아 식량 4/1을 생산할 만큼의 곡창이라는 우크라이나가 탐이 났던지 그 몹쓸 전쟁은 아직도 진행 중이다. 대 평원에 해바라기는 바라만 보아도 밝은 기운이 솟고 평화롭다. 이 나라를 집어삼키려고 침범한 대국에 대항하는 약소국의 대통령과 온 국민의 저항은 거세고 굳건했다. 얕잡아보아 한입에 삼키려던 대국이 외려 고전을 면치 못하고 있다는 소식이 통쾌하다.

이 와중에 전 세계 곡물價와 유류價가 널뛰기를 할 모양이다. 곡창지역에서 벌어진 전쟁은 경제난을 가중시키고 내 나라에 미칠 영향도 적지 않으리라. 그 너른 뜰에서 생산하는 해바라기 식용유 밀가루 가격 그 외, 다른 곡물도 수입하는지는 알 수 없지만 분명한 건 고물가 속에서 살게 될 것이라는 예측이 들려온다. 문득 삼십여 년 전 슬로건 '신토불이'가 떠올랐다. 농촌이 사라지고 공원과 꽃동산 만들기에 급급한 지자체들은 농산물 생산

대신 여기저기 꽃밭을 만들어 관광객을 불러 모으는 관광 사업을 선택했다. 농부들은 늙고 농촌은 비어간다. 도심 젊은이들은 일자리가 없고 농촌은 젊은이가 없다. 어디서부터 잘못되었는지 원유는 몰라도 농산물 수입 80%라는 건 너무하지 않은가? 내 땅에서 생산된 농산물이 내 몸에 가장 잘 맞고 최고일진데…….

오스트레일리아의 가평

오래전에 은퇴하신 선배님께서 지역 작가들을 응원하시려 점심 식사 자리를 마련하셨다. 가는 날이 장날인 건지, 스케줄 조정한 날이 하필 6월 25일이다. 식사 자리는 초대해 준 선배님이나 동석한 문우님들 연륜으로 보아 섣부르게 웃고 즐기는 분위기가 아니어서 다행이었다. 응원과 격려 자리였으니 건전하고 미래지향적인 대화만으로 점심 식사를 마칠 수 있었다.

일과 끝에 만나는 9시 저녁 뉴스에서 감동 스토리를 만나는 일은 극히 드물다. 감염병으로 길어진 규제 속에서는 더욱 그랬다. 빠르게 지나가는 뉴스 헤드라인에 '오스트레일리아의 가평'이라는 생경한 낱말에 채널 돌리기를 멈추고 주시했다. 오늘 날짜 뉴스로 배분한 이유가 분명 있으리라. 내면 깊이 솟구치는 예감, 오늘은 6·25 발발 71주년이다. 코로나 뉴스, 정치권 뉴스, 이런저런 뉴스 끝에 만나게 된 호주의 영문 이정표, 'Kapyong st'

'Kapyong Street' 'Kapyong Cl' 호주 곳곳에서 이 같은 이정표를 만나게 된 내막이 궁금해진다. 이역만리 머나먼 타국에 '가평'이란 표지판이 웬 말인가. 오스트레일리아 도로에도 다리에도 생경하게 붙여진 'Kapyong Street' 'Kapyong Bridge' 짐작하건대 한국전에서 비롯된 명명이 분명하리라.

한국전쟁 당시 영국, 캐나다, 호주, 뉴질랜드 이들 영연방 4개국은 가평전투에 참전했다는 기록이 있다. 그렇다면 한국전 가평전투에 참전했던 용사들의 요구로 이정표가 만들어졌을까. 아니면 주 정부가 나서서 자국의 UN 참전과 가평전투를 잊지 않기 위해 붙여진 참전 기념 이정표였을까. 어쩌면 호주 주 정부가 참전용사들의 희생과 아픔을 잊지 않기 위해 시행되었을 가능성이 크다. 지도상에 보일 듯 말 듯 깨알같이 표기된 우리 대한민국의 자유 수호를 위한 전투였음을 기념하고 있었다. 아홉 곳이나 된다는 호주 속에 '가평'은 우리의 아픈 역사 중 한 단면이다. 길고 길었던 포화 속에서 엄청난 인적 피해와 경제적 손실, 많은 수의 실향민과 이산가족을 만들어낸 우리의 슬픈 역사는 아직도 진행형이다. 온통 생채기만 남긴 그 전쟁은 무엇을 얻고자 한 누구의 전쟁이었나, 지금 우리는 그 상흔조차도 지우려고만 하고 있지 않은가.

트롯오디션 프로에 나온 '마리아'는 미국인이란 수식어에도 우리 트롯을 제법 잘 부른다. 당당하게 준결승까지 올랐으니 실력자가 분명하다. 이후 방송을 통해 마리아라는 인물을 만나면서 노래에도 반했지만 그녀의 가족사는 더 감동적이었다. 마리아의 조부 '르로리 리스'는 휴전이 가까운 53년 미 주둔군 의무병으로 한국에 복무했다고 한다. 큰아버지와 고모, 사촌까지 한국에서 복무했다니 그 인연이 결코 예사롭지 않다. 돌아가시기 전까지 한국의 눈부신 발전상을 누구보다 기뻐하셨다는 조부로부터 막연한 한국 사랑에 눈을 떠 자연스럽게 한국에 유학을 왔다. 그녀는 한국 문화와 한국음악에 빠져 빠르게 성장해가는 중이다. 부모님을 초청하고 조부의 빛바랜 사진을 단서로 조부의 자취를 좇는 여정이 감동으로 다가온다. 정작 우리는 상처투성이 아픈 과거를 지우려고만 하는데, 할아버지의 추억을 찾아 나선 여정은 그래서 더 진한 여운으로 남는다.

정작 전쟁을 치른 자국에서는 애먹이던 종기 도려내듯 전쟁의 상흔을 기억으로부터 몰아내려고만 한다. 일제하를 겪고 전쟁의 포화를 견디고 지긋지긋했던 보릿고개를 이겨내느라 상처 따위는 가슴에 묻었다. 재건의 노력으로 허리띠를 졸라매고 수출의 역군이 되고 산업화의 주역으로 대한민국을 선진국 반열에 올려놓은 윗세대들이다. 자신들이 밟아온 고난의 전철을 자식 세대는 밟게 하지 않으리라. 기꺼이 밑거름되고자 했을 것이다. 후세들을 위해 열심히 비단길을 만들어주려던 기성세대가 너무 간과했던 것일까. 아프고 쓰린 역사라 해도 가르치고 일깨워 실수를 되풀이하지 않게 바른 역사관을 심어주었어야 했다. 너무나 애지중지 키운 후세대들은 자신들이 누리는 풍요에 감사함보다는 당당하고 당연시했다. 시행착오요 방관이었다.

또 우리의 아픈 역사, 우리 삶 속으로 깊이 들어온 분이 계시니 「대지」의 작가 펄벅 여사다. 한국인들의 독특한 정서를 너무나 좋아해서, 대한민국과 국민을 너무나 사랑하게 되었다는 분이다. 전쟁 직후에 농촌 풍경, 소달구지에 짐을 싣고 농부 자신도 지게 가득 짐을 나누어지고 귀가하는 모습을 보며 반했다고 했다. 마차에 짐을 가득 싣고 사람까지 타고 가는 미국인에게는 없는 정서였을 것이다. 한겨울의 부족할 새 먹이로 감나무에 까치밥을 남겨놓는 따뜻하고도 독특한 순박함 우리 고유의 정서를 어찌 사랑하지 않을 수 있을까. 그녀는 중국에서 오래 살았지만, 모국인 미국 다음으로 한국을 정말 사랑한다고 말해왔단다. '대한민국은 고상한 국민이 사는 보석 같은 나라다.' 「살아있는 갈대」 서문에 쓰인 펄벅 여사의 이 말은 그가 얼마나 한국을 사랑했는지 알 수 있고, 한국을 소재로 쓴 세 편에 소설에서도 여실히 드러난다.

부천에 '소사희망원'을 짓고 전쟁 이후 생겨난 혼혈아 돌보는 사업을 하셨던 펄벅 여사는 「새해」라는 소설에서 혼혈아를 등장시킨다. 한국전에 참전했던 정치인 남편과 자녀가 없었어도 행복하게 살아가던 '로라'는 편지 한 통으로 한국에서 자라고 있는 남편의 아들 존재를 알게 된다. 배신감으로 혼란에 휩싸였던 로라는 아이에 대해 더 알고 싶어 전후 복잡한 한국 땅을 찾는다. 남편 아들과의 껄끄러운 만남, 너무 오래전 기억이라 스토리는 거의 잊었지만 마지막 장면만은 또렷이 남아있다. 한 해를 보내는 마지막 날 부부는 새해맞이 송년 파티에서 지지자들에게 둘러싸여 있다. 그 자리에서 남편은 자신은 한국전에 참여했었고 그곳에서 아들을 얻게 된 사연을 고백한다. 그리고 가족이 되어 함께 살아갈 것이라고 당당하게 아들을 소개한다. 읽는 내내 불편하고 답답한 마음이었는데 예상외 아름다운 결말에 가슴 따듯했었던 기억이다.

안타깝게도 대문호 펄벅 여사는 대한민국의 번영을 보지 못하고 세상을 떠났다. 그럼에도 그의 작품은 감동으로 내내 우리 곁에 살아 숨 쉰다. 예술의 힘이 아니고 무엇이랴. 문인들이 넘쳐난다는 작금의 세상, 나 또한 문단 말석에 발을 들여놨다지만 작가라는 매력적인 수식어가 아직도 낯설고 부끄럽다. 오늘같이 맹목적인 사랑으로 격려를 받는 날이면 조심스럽게 마음을 다잡아보는 것이다. 선배님으로부터 좋은 글 많이 쓰라는 덕담과 좋은 자리 다시 만들자는 후일 기약도 너무나 감사하지 않은가.

2021. 6.

목수

그가 최종 단계를 향해 한 계단 한 계단 올라가고, 또 그의 노래를 들을 때마다 나는 어쩌자고 내 아버지가 떠오른 걸까. 그는 노래를 잘하는 경연자이고, 고인이 되신 나의 선친이 그와 무슨 연계가 있다고, 아무런 연관도 없어 보이는 정황에도 왜 목구멍이 뜨거워지도록 먹먹한 심사인건지 참으로 모를 일이다.

희망을 노래해야 할 2020년 새봄, 대륙에서 건너온 신종 바이러스로 온 나라가 암울하고 우울하게 봄을 잠식할 즈음, 질병관리 방역본부를 통해 늘어만 가는 감염자 추이를 매일 지켜본다. 연례행사처럼 겪던 황사와 미세먼지로 다들 마스크 얼마쯤은 가지고 있었지 않았을까. 그럼에도 마스크 수급 논란까지 연일 터져 나왔다. 대구에서는 대 감염사태가 벌어져 삽시간에 뜨거운 감자가 되었다. 어찌어찌 내게도 선물을 받은 마스크가 상자째 있어서 비상용 다섯 장을 남기고 스무 개를 봉사 단체에 보냈다.

그런 위기에는 또 반짝이는 아이디어로 봉사를 생각하는 이들이 있다. 마스크 수급에 취약한 사각지대가 분명 있을 터였다. 마침 장기 요양병원에 마스크 필터를 작업해서 보낸다기에 선뜻 대답했다. 미력한 손길이나마 쓰임이 있다니 얼마나 감사한 일인가. 두 시간이 넘게 걸리는 장거리 봉사에 기꺼이 나섰다.

봉사를 주도하는 이에게 동조한 이들은 나를 포함한 네 사람이 첫날 손발을 맞췄고, 두 번째 날부터는 한 사람이 더 추가되었다. 독특한 재질의 부직포를 크기에 맞게 재단해 자르고 일일이 소독하고 일정량을 지퍼백에 담는 단순 작업을 이어갔다. 일선에서 환자를 맞는 전문 의료인, 전문 간병인들이야 제품화된 마스크를 쓰겠지만 장기간 요양이 필요한 환우들이야 차례가 가겠는가. 이 비상사태에 아무것도 하지 못했다는 자괴감을 상쇄해 줄 만큼은 아니어도 작은 몸짓이라도 했었다는 것을 위안으로 삼는다. 사흘간의 봉사가 없었더라면 이 길고 긴 바이러스와의 사투가 얼마나 지루했으리오. 그즈음 두문불출 기한 없는 시간을 보내는 이들에게 한 줄기 빛과 같던 프로그램이 바로 '미스터트롯'이었다. 예고편에서 101명 예심 참가자 중에 지역 후배 임영웅 군이 끼어 있었으니 조심스러운 마음으로 시청이 시작되었다. 첫 경연에서 그는 자랑스러운 황금빛 all heart를 받았다. 좋은 징조다.

마치 내 일처럼 가슴이 벅차오른다. 더 놀라운 건 다른 출연자들이 견제 1순위로 최종 우승자 '트롯 진'으로 그를 꼽더라는 뒷

얘기까지 더해 단단히 응원해야 할 사명감까지 생겼다. 자연히 지인들에게도 시청과 참여를 유도하고, 언제 그래 보았나 싶도록 들떠 목요일을 기다렸다. 열정은 사라지고 만사가 시큰둥하던 차에 한껏 빠져 몰입해 본다. 다른 경연자도 물론 출중한 실력을 자랑했지만, 내가 응원하는 그의 노래는 확실히 달랐다. 풍부한 감성은 물론이고 반듯하게 자로 잰 듯 정확한 음정과 명확한 가사 전달은 타의 추종을 불허한다. 듣는 이로 하여 조곤조곤 다정한 위로를 건네받는 느낌이었으니 묵직한 위안이 된다. 지역민들의 응원과 전국에 분포된 '아침마당' 팬들의 힘으로 그는 너무나 자랑스럽게 결국 '미스터트롯 진'이 되었다. 모르긴 해도 오랜 국민 프로 덕을 보았던 것이 분명하다.

후배의 '진' 등극을 축하하노라 축하와 격려문자가 내게도 걸려온다. 삼 개월여에 달하는 긴 경연이 끝나고 금의환향, 고향집을 찾은 그가 어머니와 나누던 대화를 들을 수 있었다. 어머니 홀로 아들을 키웠다지만 의젓하고 반듯하게 잘 자라주었다. 대견한 아들에게 이 영광은 팬들의 응원이 있어 가능했으니 고마움을 평생 간직하고 초심을 잃지 말라는 당부다. 또 전국 각지에서 걸려온다는 전화는, 아픔을 겪은 이들이 임영웅 노래로 위안을 삼고 병마를 이겨내는 힘을 얻는다는 감사의 전화란다. 어려운 처지에 있는 이들이 그에게서 받았을 위로는 그 어떤 신약보다 명약이었던가 보다. 내가 그의 노래에서 받은 감흥과 다른 이들이 느낀 감흥이 다르지 않다는 게 신기해 그의 매력에 빠져들었다.

노래에 젖어 들다가 오래전 가신 내 아버지를 떠올린 것은 우연이었을까. 그와는 아무런 연관도 교차점도 없는데 참으로 기이하다. 정교하게 재단된 듯한 그의 노래, 탁월한 완급조절과 결코 넘치지 않는 절제된 감정, 명징하게 전달되는 가사를 들으며 나는 왜 아버지의 낡은 연장통이 떠올랐을까. 두툼한 미제 목제 상자에 담긴 아버지 연장들, 울컥한 심사에 목이 메었다. 연장통이라고 해봐야 녹이 슬기 시작한 잡다한 못이며, 심 굵은 연필과 망치, 장도리, 깍귀, 단위가 센티가 아닌 '척'을 나타내던 기역자, 작은 목각 눈사람을 닮은 먹통에는 먹물 흔적이 배인 실이 감겨 있었다. 허리를 조금 구부려 못을 뽑을 수 있는 묵직한 빠루는 마치 그들의 대장 같은 느낌이었다. 어릴 적 이웃들이 종종 연장을 빌리러 오면 우리 집에 왜 이런 연장이 있는지 의아했다. 나는 아버지 쉰에 본 늦둥이다. 체격은 좋으셨지만, 기력은 좋지 않으셔 일손을 놓으신 지 오래였기에 나는 정작 아버지의 목수일을 전혀 알지 못했다.

한여름 대청마루에서 시조를 읊으시던 아버지 모습도 이젠 희미해졌다. 장죽이 상징하는 양반님네 끽연도 불혹을 지나고 가능하셨다니 내 저질 체력이 어머니 탓만은 아닌가 보다. 궐련을 한 모금 빨아들이면 기침과 어지럼증으로 절절매셨다니 몸만큼 비위도 약하셨나 보다. 근력이 일찍 쇠하신 까닭에 노후에는 약간의 농사일과 성체 암소만을 건사하셨다. 해마다 새끼를 낳고 농사일도 거드는 녀석이니 효자가 따로 없었다. 선친은 1세기 전 분이시다. 이미 과거제도는 사라졌지만, 글방 도령을 7년이나 하셨다. 거기다가 가문을 영광스럽게 생각하셨으니 평범한 직업은 원치 않으셨으리라. 가난한 지차 집의 큰아들로 태어나 보니 집안에 곤궁함은 일상이요 다반사가 아니었을까. 긴 생각 끝에 글방 출입을 접고 집안 살림을 돌보기 시작하셨다. 눈썰미로 익힌 싸리나무공예로 심심풀이 소쿠리도 만들고 삼태기도 만들면, 이웃의 누군가 집어 가고 보리쌀이며 수수쌀 좁쌀도 퍼다 슬며시 놓고 가곤 하더란다.

반상의 구분이 사라지고 돈이 양반인 세상이 되었어도 아버지는 아무 일이나 하고 싶지는 않았으리라. 발령이었는지 선출직인지 잠깐의 자치위원장을 끝으로 아버지는 그저 작은 농지를 지닌 평범한 농부로 가난한 선비로 살아가셨다. 참혹하고도 긴 삼 년의 전쟁 후에는 농사일 외에 간간이 목수 일을 하셨던 흔적이 남아 연장통을 채웠다. 연필을 귀 뒤에 꽂고 자로 정교하게 재고 수평을 보고 각도를 맞추는 일, 그나마 부친의 자존심을 세운 일이 목수 일이 아니었을까. 사회성도 변죽도 없는 어른이 어떻게 그 일을 하셨을까. 거울에 비춘 내 모습인 양, 내성적인 아버지셨기에 드는 생각이다. 어찌 됐든 아버지는 일가를 거느린 가장이 분명하셨다. 부끄러움을 감춘 내면의 고독과 가장의 중압감을 쓴 담배 한 모금, 탁주 한 사발로 심사를 달랬을 아버지, 전후 가장의 무게와 시대상이 보인다.

세태가 만들어낸 새 풍속도가 재미있다. 따님이 클래식 연주자인 청주에 한 선생님도, 김해의 퇴직한 영어 선생님도 평소 즐기지 않던 트로트를 새삼 좋아하게 되었듯이 또 누군가는 코로나로 인한 우울감을 트로트로 시름을 달랬으리라. 후배는 처음 발라드를 시작했고 트로트로 인정을 받고 트롯 진이 되었다. 지난날의 트로트가 눈물과 한의 정서가 주류였다면, 편곡의 힘일까 노래하는 이의 역량일까. 한결 트로트의 고급화 예술화가 이루어졌다. 한껏 신명이 올라 따라 불러도 보고 감상적인 음률에 빠져 눈물이 흘러도 좋으리라. 자로 잰 듯 반듯하고 깔끔하고 출중한 노래 솜씨로 평범한 대중가요를 한껏 격상시켜놓은 그를 보며 나는 한때 목수이셨던 내 아버지가 왜 떠올랐을까. 왜일까?

기도

우리의 삶은 늘 아이러니하다. 오라버니의 제대 한 달을 앞두고 유명을 달리하신 아버지, 나는 스물셋 동생은 겨우 열아홉이었다. 하늘이 무너져 내리고 막막했지만, 사람은 끊임없이 환경에 적응하며 살아간다. 살아진다는 표현이 맞을지도 모른다. 집안에 기둥을 잃고도 막 제대한 오라비를 중심으로 삶의 의욕을 가다듬는다. 사람 사는 게 다 그렇듯 한두 번 우여곡절을 겪고 반려자를 만나 살아가는 것 또한 보이지 않는 아버지 은혜인 것 같다.

계절이 가고 세월도 흐르고 어찌어찌 제 짝들을 만나 가정을 이루고 살아왔다. 하늘하늘한 코스모스처럼 병약하신 어머니도 팔십을 넘기셨다. 그 어머니가 어느 해 노환으로 중환자실에 오래 계셨다. 의식이 없는 어머니를 위해 뭘 할 수 있을까. 시집이라고 갔으나 지척에 살아서인지, 어머니를 못 본다면 못 살 것 같던 때였다. 서툰 불자이지만 안간힘을 써보고 싶어 천수경을 읽고 백팔 배를 시작했다. 자식이 되어 아무것도 할 수 없으니 삼칠일 기도라도 매달리자는 심산이었다. 두 손을 모으고 나를 꺾고 또 꺾으며 백팔 배를 하고 나니 다리가 후들거렸다. 사흘 지나 백팔 배도 제법 몸에 익어 순조롭게 이어가던 중에 기적처럼 어머니가 깨어나셨다. 삼 주가 되기 전에 부처님 가피를 입은 것이다.

기도만으로는 부족할 것 같아 뭐라도 해 드리고 싶어 애를 썼다. 뭘 해 드리면 어머니에게 자극이 될까, 간호사들 눈을 피해 상큼한 과일을 갈아 입술을 적셔드리고 마음으로 간절하게 기도했다. 어머니 귓가에 '엄마 얼른 일어나셔~ 막내딸 잘사는 거 한 번 봐야지~' 속삭이며 희망을 놓지 않았다. 이대로 가신다면 너무 허망하고 억울할 것 같았다. 지인들이 간혹 건네는 위로에도 상처가 되었다. 어머니가 중환자실에 계신 걸 알고 경과를 묻다가 '팔십이 넘으셨으면 사실 만큼 사셨네.' 지나치듯 하는 말들이 내게는 가시가 되었다. 많이 사셨으니 너무 애면글면하지 말라는 위로일 텐데, 연배 비슷한 어른의 뒷모습만 보아도 눈물이 쏟아질 때이니 무슨 위로가 되겠는가. 어머니는 다행히 그 위기를 잘 버텨내시고 계절이 바뀔 즘 퇴원할 수 있었다.

어머니가 퇴원하던 날에도 영화 같은 장면이 있다. 오라비는 생업으로 바쁘고, 올케도 자기 꽃집으로 바빴는지, 남편과 둘이 어머니를 퇴원시켜드리러 갔다. 친정집에 도착해 남편이 먼저 차에서 내려 장모님을 업는다고 뒷좌석 문을 열자 마당에서 키우는 진돗개가 커다란 덩치를 차 안으로 들이밀고 엄마 얼굴에 제 얼굴을 세차게 비벼대기 시작한다. 녀석은 갑자기 보이지 않는 어머니가 얼마나 궁금했을까. 안주인은 가게 일로 바쁜 사람이니 백구의 하루는 종일 어머니와 함께였을 것이다. 말 못 하는 짐승으로부터 받은 감동, 끈끈한 의리나 교감은 사람들만의 전유물이 아니었다. 이후, 어머니 귓전에 약속한 대로 나는 상앗빛 도는 예쁜 이층집을 지어 어머니를 잠시 모실 수 있었다. 그리고 거짓말처럼 다가온 이별, 상실의 아픔은 컸지만 아버지를 여의었을 때처럼 우리는 또 자신들 가정에 충실하며 아픔을 이겨내고 살아간다.

큰아이가 군에 다녀오고 얼마 뒤, 작은놈이 입대 일을 앞두고 있었다. 입대 전 휴식기를 가지며 아이는 주로 음악을 듣거나 TV 오락 프로를 보며 통쾌하고 큰 웃음을 흩날린다. 아이가 입대하고 나서 거실에서 그 웃음이 들려오는 것 같아 나는 며칠을 힘들어했다. 어릴 적 교통사고로 삼 개월의 병원 생활을 하고 장애 판정을 받으러 갔던 큰 병원에서다. '박사님, 이다음에 군대는 갈 수 있을까요?' 건강의 상징인 군대를 빗댄 물음이다. 혹시 장애가 남을까 걱정스러운 내 마음을 읽었는지, 진단하던 박사님은 '그럼요, 얼마든지요.' 바라던 답을 듣고 뛸 듯이 기뻤었는데 나의 이기심일까. 군에 보내놓고 나니 기쁨보다 그리움이 벌써 용솟음친다. 더구나 큰놈 때 한 번 겪어 연습이 되었건만 그러지 않았나 보다. 착하고 곱기만 한 작은 놈이 낯선 곳 낯선 환경을 잘 견디어 줄 것인가 걱정이 되었다.

큰애 입대를 앞두고 한번은 사촌 오라비가 '저 녀석은 누가 함부로 못하겠는걸, 저 눈매 좀 봐.' 큰애의 쌍꺼풀 없는 눈이 예리해 보여 아무도 막 대할 것 같지 않다는 덕담이셨다. 그래서인지 큰애는 크게 걱정이 되지 않았다. 더구나 오라버니나 동생의 군생활 때와는 생판 다르게 근무가 끝나는 저녁 시간이면 거의 매일 전화를 걸어왔다. 그러나 막내라는 애틋함 때문인가, 작은애는 상대적으로 더 걱정스러웠다. 입대를 앞두고 기껏 해준다는 말이 '나만 겪는 거 아니고 다 똑같이 하는 단체생활이니 억울해하지 말고 잘 마치고 와~'라고만 했다. 연병장에 들어가기 전 원조라는 간판이 즐비한 닭갈비 집 중 한곳에 들어섰다. 음식이 나오기 전, 난데없이 작은 아이가 '엄마 오늘은 형 때처럼 울지 말아요.' 겨우겨우 꾹꾹 누르며 참고 있던 눈물이 분수처럼 솟구쳐 멈추지 않았다. 이래저래 나는 울보 엄마가 되었다.

지금도 작은 아이는 모르는 이야길 테지만, 작은아이 입대 전에 아이의 무사 귀환을 위한 간절한 마음을 담아 다시 삼칠일 기도를 했다. 108배도 처음 어머니 때처럼 어렵지 않았다. 아이의 어릴 적 병원 생활도 생각나고, 간간이 들려오는 병영 사고 소식을 뉴스로 접했던 터라 기도가 아니고는 견딜 수가 없었다. 지나고 보니 내 아이보다 어미가 더 나약했었나 보다. 아이는 복무 기간을 무사히 잘 마치고 의젓하게 내 품으로 돌아와 주었다. 지금도 나는 아이의 무사 귀환을 기도의 힘이라고 믿고 있다.

아기 새, 여인이 되다

단 한 번 만났는데 가끔 궁금하고 또 보고 싶었다. 너무나 강렬한 첫 만남과 깊게 새겨진 잔상, 너무 여려서 마치 '아기 새' 같았던 그녀를 꼭 한 번 더 만나고 싶었다. 소식을 궁금해하면서도 무언가를 적극적으로 해 볼 생각도 못 한 채 흘려보낸 4년이다. 따뜻한 해후를 기다려온 시간은 그쯤이면 충분했고 만날 날만 고대하면 된다.

기승을 부리던 역병이 조금 느슨해져 점차 방역 규제가 완화되어 가능해진 문학상 행사였다. 까다로운 방역지침에 따라 인적 사항을 적고 발열 체크를 하고, 낯익은 문우님을 만날까 하여 주위를 훑는다. 팔순을 맞으신 청향 선생님의 축하연을 겸하고 청향문학상 시상과 동인지 발간 축하 자리였다. 자기의 작품 '깨어 있는 새벽'이 동인지 제목으로 선택되어 기쁘다던 이현주 작가가 멀리 양양에서 성남까지 온다는데 꼭 만나야 하지 않을까.

동인지 발간에 애쓴 작가들과 인사를 나누는데, 입구 쪽에서 핑크색 라운드 티에 진한 남방 깃이 조화로운 한 남성이 아기 새, 이 작가를 태운 휠체어를 밀고 들어선다. 많이 뵙고 싶던 이 작가 어머니도 동행하셨다. 반가움에 덥석 손을 잡고 인사하니 금방 알아보신다. 잘 알고 지내던 이웃처럼 그간의 안부를 묻고, 그녀에게 한시도 눈을 떼지 않는 그녀사랑님과도 마주했다. 상상 이상의 따뜻한 그림에 뜨거운 전율이 인다.

그녀를 처음 만난 4년 전을 기억하면 이 작가는 성숙한 여인이 되어 있었다. 이미 단체 톡 방을 통해 주거지가 바뀐 걸 알았고, 작품에서 풍기던 바다 향과 핑크빛 기류를 얼마간 감지했던 터였다. 확 트인 바다를 너무 좋아한다는 아내를 위해 언제라도 바닷가로 인도한다는 인상 좋은 그녀의 사랑님, 마치 아기 천사와 그 천사를 돌보는 든든한 호위병 같다. 어머니 시선은 또 어떠한가. 사위를 바라보는 어머니의 두 눈에서는 그야말로 꿀이 떨어진다. 아기 피부처럼 희고 곱기만 하던 여린 모습이 바닷바람에 그을려 오히려 더 건강해 보이고 곱실곱실하게 웨이브 진 머리에서 여인의 향기가 풍겼다. 어머니의 사위 자랑을 듣다가 '현주씨 이젠 정말 아줌마가 다 됐네. 너무 보기 좋다.' 하니, 어머니도 핑크빛 두 연인도 환하게 웃는다. 너무나 따듯하고 행복해 보이는 그림이다.

4년 전, 어쩌다 문학상 대상의 영예를 안았지만 대중 앞에 서는 게 늘 어색한 사람이었다. 어찌어찌 서툰 수상소감을 마치고 돌아와 우수상 수상자의 수상소감을 듣는 순서, 나는 물론 모든 이를 감동시킨 이 작가 어머니 소감은 평생 못 잊을 감동이었다. 장애를 가진 딸의 엄청난 독서량과 눈물겨운 노력을 담담히 토로하시던 어머니, 신체적 유불리를 떠나 혼자서는 아무것도 할 수 없는 악조건의 딸이 가진 유일한 낙이 독서였던 것이다. 오직 혀를 통해 책장을 넘겨야 하는 딸을 위해 날이 선 새 책을 부드럽게 하는 최선의 방법을 도출하고 수없이 방망이를 두들겼다는 어머니셨다. 딸의 독서 욕구를 충족시키려는 그 정성이 눈물겹지 아니한가. 모든 지원을 아끼지 않으며 딸의 마흔 해를 지켜오신 어머니, 그래서인지 나는 그간의 어머니 안부가 더 걱정되었는지도 모르겠다.

그 딸을 위해 평생을 살아오신 이야기에 좌중은 이미 조용해졌고 행사장에 뿌려지는 어머니의 한 마디 한 마디는 그렇게 나의 가슴을 때렸다. 엄청난 핸디캡을 딛고서 수필작가가 되기까지 이 작가의 노력이 더욱 고귀하지 않은가. 그 순간만큼은 어머니만을 위한 큰 박수가 아깝지 않았다. 그에 비해 졸저가 가져다 준 나의 행운은 황소 뒷걸음에 개구리를 잡은 격이었다. 행사를 기다리며 만난 그녀의 작품은 나를 더욱 부끄럽게 만들었다. 첫 졸저에 대상 수상자라는 수식어까지 더해 뭐라도 된 양 잠시 들떴지만, 조악한 문장으로 엮어진 내 수필집이 마냥 부끄러웠다. 온몸의 기관 어느 한 곳 자유롭지 못한 장애 속에서 많은 경쟁자를 물리치고 당당하게 우수상 주인공이 된 그녀가 외려 거인처럼 커 보였다. 나는 그저 허울뿐인 껍데기였다.

그녀와 나의 인연이 된 '청향문학상'을 만드신 분은 '청향' 정정숙 선생님이시다. 젊은 날, 몹쓸 병마와 싸우게 되면서 힘들고 어려움을 겪는 이웃들을 생각하셨다고 했다. 선생님께서 고통받은 병명은 알지 못한다. 단지 잘못된 의료사고와 그 후유증으로 목소리를 잃을 위기에 놓여 묵언을 해야겠기에 사랑하는 가족을 두고 시작한 캐나다 밴쿠버 생활이었다. 실낱같은 희망을 붙잡고 투병 생활을 하면서 외로움을 달랠 돌파구로, 당신과 같은 아픔을 겪는 이들과의 교감으로 글쓰기를 시작하셨다는 선생님이다. 건강을 잃고 사랑하는 가족들과도 떨어진 외로운 싸움이 얼마나 힘드셨을까. 겁쟁이자 방안퉁수인 나는 감히 상상도 못할 노릇이다. 더 단단해진 믿음으로 돌아와 비슷한 아픔을 겪은 환우들과 교류를 위해 '뉴 스타트 구절초 향기' 카페를 만들고 카페 지킴이를 시작하셨다.

언제 어떤 시련이 닥칠지 모르는 상황에서도 한발 더 나아가 문학상 제정을 생각해 내셨다. 어렵게 문단 생활을 하는 문우들에게 힘과 용기를 주리라 큰 뜻으로 만든 문학상이 '청향문학상'이다. 한 번만 또 한 번만, 간절하고도 무수한 기도 속에서 그 행사가 벌써 8회를 맞고 팔순을 맞은 것이다. 가족에게 짐이 되는 고통을 피하려고 고국을 떠났던 이야기며, 카페를 통한 환우들과의 교감, 동료 후배 작가들의 긍지를 위해 제정했다는 문학상 취지를 전하신다. 긴 투병 생활로 부족했을 당신의 보살핌에도 훌륭한 변호사가 되었다는 아드님을 거명하지만, 정작 선생님 인격을 닮은 아드님은 미소와 손사래로 답하신다. 긴 세월 말을 잃고 살았기에 마이크만 잡으면 말이 많아진다고 민망해하시지만 듣는 이에게는 감동과 뭉클함만이 전해진다.

문학상 시상식과 동인지 출간 안내와 생신 축하연도 좋았다. 기다리던 식사시간에는 마치 아기 새에게 모이를 물어다 주듯 아내를 위해 연신 이것저것 챙겨주는 그녀사랑님의 모습은 절로 미소를 부른다. 사랑님의 나지막한 중간키는 이 작가와 눈높이가 더 잘 맞을 것 같아 보기 좋았고, 바람직한 애처가 모습이라 좋았다. 얼마나 재미있게 사는지 더 묻지 않았지만, 언니의 마음으로 엄마 같은 마음으로 건강하고 예쁘게 살아주기만을 기도해 본다. 어머니의 오랜 뒷바라지가 이현주 작가를 있게 했다면 오늘은 사랑님의 외조가 빛난다. 장애를 극복한 그녀의 진솔한 이야기가 독자의 가슴을 울릴 테니 그녀의 내일은 더 밝게 빛나리라. '스페인인가, 어딘가 벌써 여러 해 연락을 해오고, 선물도 보내오고 그래요.' 이 작가의 근황을 자랑하시는 어머니의 가없는 사랑이 깊고도 진하게 전해온다.

2020. 10.

풍경(치숙의 미소)

친구들과 동네 산을 오르내리다 듣게 된 이야기에 떠오르는 영상이 있어 잠시 추억을 더듬었다. 천보산이라 불리는 동네 산에는 시에서 둘레길 조성을 하고 벤치를 곳곳에 놓아 쉼을 청할 수 있게 해 놓았다. 한 바퀴를 돌아 쉬엄쉬엄 내려와도 세 시간이 채 안 걸리는 야트막한 산이 얼마나 고마운 코스인지 오르내릴 때마다 감사한 마음이다.

그중 친구 하나가 벤치 하나를 가리키며

“저 의자는 00이 거야, 운동하러 올라오면 꼭 저 의자에 한참 앉았다가 다시 내려가거든.”

못 듣던 이름을 들으니 궁금해 되묻는다.

“00이가 누군데?”

“왜 몰라? 00상회 막내아들, 걔가 학교에 다녔으면 우리하고 동창인데 한 이 년쯤 다니다 말았지 아마.”

반세기가 넘은 그때 일이 생각날 리 없다. 더구나 한 반을 한 적도, 말을 걸어 본 적도 없으니 말이다. 그러나 큰형 가게 주위를 배회하거나, 늘 구부정한 모습으로 00상회 한쪽에 앉아 있던 그 아이는 생각난다. 읍내에서 꽤 컸던 잡화점 00상회는 말이 상회지, 약이나 건축자재만 빼고 거의 다 취급하던 만물상이나 다름없었다. 큰형 내외가 운영하는 그곳에는 내 기억으로 가족이 퍽 많았다. 당시 노인이 되어가는 그 애 어머니가 계셨고 큰형 내외의 커가는 자녀들과 나이 차이도 별로 보이지 않는 시동생들이 있었다.

00상회라는 버젓한 이름을 두고 사람들은 '쌍둥네 가게'라고 불렀다. 큰형 아래로 쌍둥이 형제가 있어 그리 불렀을 것이다. 그 형제는 독립했을 테지만 가게는 여전히 쌍둥네 가게였다. 또 그 아래 작은형은 막걸리 배달부터 판매 등 가게 일을 도왔고, 하얀 교복 카라가 빛나던 고등학생 누나는 졸업한 지 얼마 지나지 않아 보이지 않았다. 시내로 취직을 해서 나갔거나 시집을 갔을 것이다. 신기한 것은 안주인 아주머니다. 6, 70년대, 00상회는 지금의 마트같이 물품이 다양했다. 상냥하지도 다정하지도 않은 안주인의 매력은 둥실둥실 평범한 외모에 데면데면하지만 변덕 없는 성품이 매력이었다. 크고 작은 장보기는 물론 어른의 생신상차림도, 집안 기일이 다가와도 카드가 없던 시절 현금이 없어도, 00상회는 동네 사람들의 단골이었다.

아주머니의 또 하나 특징은 빠른 계산법이다. 아무리 생각해도 불가사의할 만큼 웬만한 물건값은 암산으로 했고 큰 장보기를 하는 손님은 주판을 튕겨 계산했다. 그때도 그는 가게 한쪽에 근심, 걱정 없는 얼굴로 앉아 있고는 했다. 내 식구도 많은데, 시어머니와 덜된 막내 시동생이 있어도 아주머니는 인상 한 번 쓰지 않았다. 세월이 흘러 내가 결혼을 했어도 시내와 인접한 동네에 살아서 늘 보아오던 풍경이었다. 시내 볼일을 있거나 병원에 다니거나, 내가 학부모가 되어 아이들 학교를 드나들 때도 그 아이는 그 모습 그대로 가끔 시내를 배회하곤 했다. 00상회 아저씨는 좀 일찍 세상을 뜨시고 수년 뒤 아주머니도 돌아가셔서 가게는 자연스레 이름도 주인도 바뀌었다. 세월 따라 중년이 된 그가 운동을 하는지 거리를 배회하는 모습이 가끔 목격되고는 했다.

어느 하루, 말 한마디 웃는 모습 한번 보이지 않던 그가 세상 행복한 얼굴을 하고 있다. 생전 처음 그의 미소를 목도 한 건 정말 우연이었다. 그날도 여느 때처럼 시내 볼일을 보고 정류장에서 버스를 기다릴 때다. 건너편에서 환하게 웃고 있는 그를 보았다. 누구를 보고 웃는 걸까? 아니, 그전에 젊은 아가씨의 외침 '삼촌!' 소리가 더 먼저였다. 소리의 원류를 찾아 두리번거리니 네댓 살 될까 말까 한 어린 꼬마와 서른이 안 돼 보이는 아이 엄마가 건너편을 향해 환하게 웃고 있다. 젊은 엄마도 어린아이도 너무나 해맑게 웃는 모습이 보기 좋았지만, 건너편에는 여태 한 번도 보지 못한 그의 세상 밝은 모습에 놀랐다. 구부정한 중년 사내가 세상 환하게 웃으며 이편을 바라본다. 그의 웃음을 보는 것도 처음이지만, 목소리도 처음 들었던 것 같다. 건너편에서 하는 말을 다 기억할 수는 없지만 분명 따뜻한 그림이 확실했다.

그의 쌍둥이 형 두 분 중 한 분은 공무원이었고 또 한 분은 근처에서 다른 업종 가게를 하고 계셨다. 아이 엄마는 쌍둥이 형제 중 한 분의 딸이 분명할 텐데, 아이를 데리고 친정을 다녀가며 마침 운동 나온 치숙을 만나 반갑게 인사를 건네는 것 같았다. '삼촌 담에 또 올게요.' 손을 흔드는 엄마를 따라 꼬마도 밝게 인사를 건넨다. 그 아름다운 영상은 시간이 많이 흘러도 내게 깊게 각인되어 있다. 그 파편적인 영상이 내게 각인된 이유는 중년이 된 그의 웃음을 처음 보아서가 아니다. 치숙을 부끄러워하지 않는 젊은 엄마의 환한 미소가 너무 아름다웠기 때문이다. 그렇다면 어릴 때는 저 어리숙한 삼촌이 창피하고 부끄럽지 않았을까. 아니 어쩌면 어릴 적 그녀와 눈높이를 같이 해준 좋은 삼촌으로만 추억할지 모른다. 계산적이거나 누굴 속일 줄도 모를 테니 말이다.

질녀가 어른이 되고 아이를 낳고 키우며 친정을 다녀가도록 그는 아직도 세상과 동화되지 못한 어른아이였다. 네댓 살 된 사내아이를 데리고 친정을 올 때도 치숙은 어른이 되지 않았고 피터팬처럼 여전히 아이와 눈높이를 같이 해 놀아주는 할아버지가 되어가는 중일 것이다. 어린 질녀와 놀아주었던 그 시절처럼 그는 거기에 머물러 있는 것일지도. 오래도록 가슴 따뜻해지는 그날의 풍경, 치숙은 여전히 어른아이였고 세 사람은 아주 행복한 그림을 그려냈다. 보는 이의 가슴이 따뜻해지도록.

다정도 병이런가

제 심사를 지가 볶아 병을 만든다고 했던가. 짐짓 아무것도 아닌 일에 혼자 상처받고 마음을 다친다. 관심이 지나쳐 상대가 원치 않는 도를 넘는 배려라면 간섭일 수밖에 없다. 바쁜 현실 상황에 지나친 친절도 예외는 아니리라. 개인주의가 팽배한 복잡한 사회를 살아가자니 관심도 배려도 달갑지 않다. 이 시대를 탓할 것인가, 중년에 남아도는 잉여시간을 탓할 것인가.

정작 상대는 아무것도 모르는 상황, 혼자 씁쓸해하다가 또 제풀에 풀어져 좁은 속을 탓하고 만다. 때론 본마음과 거리가 멀어지는 의외의 결과가 벌어져 혼자서 속을 태우다 답답함에 그만 마음이 무겁다. 언제나 그랬다. 과한 친절이 부담스러운 건 나 자신도 가끔 경험하지만 정작 나도 누군가에게 또 그럴 것이다. 한두 번 만남으로 자신에게 좋은 인상을 심어주었다거나 동년배 공감대로 쉽게 새로운 인연을 만들게 되니 말이다. 다소 낯가림이 있는 나에게 선 듯 다가와 주니 고맙기도 하지만 다른 한편, 누군가 또 나에게 실망을 하게 될까 봐 신경이 쓰인다. 미리 걱정하고 진심으로 대하려고 하지만 서툰 인간관계를 가끔 들키곤 한다. 누군가에게 집중하고 마음으로 소통하는 일이 부담스럽게 느껴진다면 어디 편한 관계라 할 수 있을까.

가끔 마음을 다치는 일도 돌이켜보면 여지없이 내게 문제가 많았다. 유독 정이 많은 게 문제일까 중년의 외로움을 타는 것일까. 남편에게 종종 듣는 말처럼 '점점 왜 이래? 장모님을 닮아가나.' 하는 말도, 꼭 필요한 말 외에 쓸데없이 군말이 늘어간다는 핀잔일 게다. 내 손끝에서 만들어진 음식으로 행복해질 가족들을 생각하거나 뉴스 초점을 두고 논박을 벌이는 시간이 기다려지지만 마음처럼 해피엔딩만 있지 않다. 종일 대화 상대 없이 낮 시간을 보내다 만난 가족인데 저녁 식사가 끝나면 살 가운 대화 한마디 없이 다시 다 제각각 자기들 방으로 들어가면 나는 또다시 덩그러니 혼자다. 더 이상 가족들한테 매이지 않아도 된다는 해방감이 아니라 처절한 고독이 엄습하는 이 허무한 감정은 뭘까. 이래서 중년 여인의 우울증을 빈 둥지 증후군이라고 하는구나 고개가 끄덕여진다.

그 무료한 날들 가운데 누군가 안부를 물어준다면 고마울 것 같다. 때로 내가 먼저 안부를 물어봐야지, 하다가도 뜬금없는 내 전화에 행여 상대방이 달갑지 않다면 하는 쓸데없이 과한 상상으로 핸드폰을 밀어놓는다. 부러울 만큼 화통하고 시원시원한 성격을 가진 문우가 있다. 좀 더 가까워지기 전 단아하던 이미지와는 전혀 다른 매력을 보이며 새로운 매력을 발산한다. 그 문우는 세상사에 그늘이 없고 매사 긍정 마인드를 자랑한다. 열심히 살아온 젊은 날을 보상하듯, 많은 것을 배우고 익히려고 시간을 쪼개며 산다. 또 노인성 질환을 가진 양쪽 노모의 병원 출입을 위해 경차를 장만했다니 효도하는 것에도 게으르지 않다. 맺고 끊음도 분명하고 좋은 것도 싫은 것도 확고하다. 그녀는 모든 세상사가 신바람 나 보인다. 어떤 일에도 상처받는 일이 거의 없다. '그래 그럴 수 있지.' 쿨하게 받아들이는 그 성격이 나는 한없이 부럽다.

어디서 본 말이었을까. '사람들에게 사랑받으려다 호구된다.' 라는 말에 잠시 혼란스럽다. 어리숙한 나에게 진정 어린 마음으로 들려주는 누군가의 조언 같다. 그렇다고 다른 이에게 호구가 될 만큼 내가 넉넉한 사람일까? 또는 호구가 되어서라도 내 사람을 갖고 싶은 속내가 숨어있는 건 아닐까? 적극적이지 못하고 매사 끌려가듯 하는 고질적인 나의 소심증도 문제다. 어떤 새로운 일에 앞서 잘할 수 있으려나, 우려하는 성격은 아직도 극복하지 못한 나의 한계다. 무엇을 시작하던 또 언제 그랬나 하듯 최선을 다하지만 그 과정에서 이럴까 저럴까. 하는 그 성격이 싫을 뿐이다. 중년을 지나오며 급격히 단조로운 일상, 그 잉여시간을 활용하지 못하니 삿된 잡념만 늘어간다. 머리칼이 희끗희끗해서도 어쩌자고 소싯적 버릇을 통제 못 하는가. 보고 싶던 책을 펼쳐놓고도 공상에 빠져 책을 밀어놓기 일쑤이니 말이다.

종일 전화벨이 울리지 않는 날도 있고, 때로 더 외로움을 느낄 때는 무료함에 치를 떤다. 베란다 화분에 다가가 말을 걸기도 하고 지난여름부터 가족이 된 느림보 달팽이와 동무를 해 보아도 잉여시간은 여전하다. 이즈음 들어 반가운 제주 지인의 전화를 받으면 베란다로 향하는 버릇이 생겼다. 햇살과 약간의 수분만 있어도 행복해하는 그 화분을 두고도 나는 과도한 관심으로 밑동을 무르게 하는 우를 범하기도 한다. 제주도 태생 달팽이 하나가 겨울 동안 보이지 않더니 겨울을 지나면서 다시 눈에 띄기 시작했다. 제주 당근을 저며 주고 관심을 보이면 녀석은 내 손길을 피해 숨바꼭질을 한다. 녀석도 내 관심을 불편해하는구나 씁쓸해진다. 이 달팽이가 요즘은 날카로운 가시 선인장에 붙어 있다. 선인장 수액을 먹고 사는 걸까 위안을 해 보지만 벌써 여러 달째 제자리다. 녀석이 생을 다한 건 아닐까 마음이 무겁다.

진작 풀숲에 놓아두었어야 했을까. 자꾸 미안해지는 마음이다. 화초든, 달팽이든, 이런저런 모든 결과는 인정이 원인이요, 섣부른 과잉 친절이 부른 해프닝이다. 나의 무료함을 달래주던 녀석의 흔적을 아직 지우지 못하고 있다. 이즈음의 내 고민은 서툰 인간관계와 무료함에서 비롯되었다. 심리학자 아들러는 '타인에게 미움받는 것을 두려워하지 마라. 모든 것은 용기의 문제다.'라고 말했다. 세계를 강타한 별난 역병 시대를 살며 생긴 무료함, 모르는 사이 불거진 나의 고독한 심사에 실소를 보낸다.

친구들과 동네 산에도 더 자주 오르고, 개울가도 많이 걸어야 하겠다. 걷다 보면 몸도 마음도 부쩍 건강해진 나 자신을 발견하지 않을까.

마음의 두께

친구들 입이 절로 벌어졌다. 무엇이든 주려는 마음 친구의 손에 들려진 투박하고 넓적한 그것을 보니 작은 감동이 앞선다. 어른 남자의 손두께로 두툼하게 열린 마늘 덩이다. 이것저것 챙기고도 더 줄 게 없나 창고 안을 훑고 있는 그녀는, 어린 날의 추억을 공유한 오랜 친구다. 중성적인 매력에 투박한 보이스로 툭툭 건네는 악의 없는 말투와 무엇이든 더 주고 싶은 무한한 어머니 마음이 그녀 마음이다.

지난해 하반기부터 야트막한 동네 산에 조성된 둘레 길에서 소소한 즐거움을 찾고 있었다. '포스트 코로나라고 했던가.' 대감염증 이후에 시작된 친구들과의 시간이 새삼 고맙게 느껴진다. 길어진 코로나 19로 인한 무미건조한 일상에 비춘 한 줄기 빛, 친구들과 가벼운 산행이 그나마 위안을 받던 때였다. 거의 매일 만나는 자연의 변화는 늘그막 여인들을 수다쟁이로 만든다. ‘어머 저 잎은 벌써 아기 손바닥만 해졌어.’라든가, ‘진달래가 곧 벌어지겠는걸.’ 채 벌어지지 않은 봉오리를 클로즈업해 핸드폰을 들이대니 ‘피거든 찍어~!’ 갈 길을 재촉하는 친구 말에도 웃음이 터진다. 같은 지역 같은 학교 출신이지만 자란 동네는 제각각이요 심지어 이웃 동네도 아니다. 그런데도 어색하지 않은 건 오랜 세월이 주는 편안함 때문이 아닐까.

고질병 같았던 무기력한 몸도 미묘한 변화를 가져온다. 매해 힘겹게 지나던 겨울도 힘차게 떨쳐냈다. 점점 건강에 신경 써야 할 거스를 수 없는 현실, 갱년기라는 이름표를 달고 있지 않은가. 연륜과 연식에 따라 각자 널찍해진 잉여시간으로 만들어진 주 3~4회 산행이다. 올봄 들어 점점 푸르게 변해가는 산야를 핸드폰에 담아 친구들 단톡방에 올려놓으니 선뜻 일요산행을 하자는 서울 친구의 화답이다. 스무 살 졸업과 동시에 취업했고 지금껏 쉼 없이 달려온 친구는, 일요일 늦잠도 아까워할 만큼 삶에 최선을 다하는 친구다. 격월로 만나던 모임이 거리 두기 인원 제한으로 해를 넘겼으니 그리움이 한가득하리라. 형체도 없는 세균에 절절매는 모양새가 결코 유쾌하지 않지만 어쩌랴. 우리도 작은 변화가 필요한 때이다.

나와 타인을 위한 서로의 배려 그리하여 기획된 소수의 번개팅이다. 산행은 구실이요 얼굴 보고 밀린 담소를 나눌 기대에 부풀었다. 일요일 아침, 간식 가방을 챙기는데 컬러링이 요란하다. 한 친구가 집 앞 텃밭에서 일하는 남편을 두고 갈 수 없으니 셋

이서 다녀오라고 했다는데 무슨 특별한 산행이라고 한 친구를 떼어놓고 가랴, 그렇다면 친구네 텃밭 일을 하러 가자는 공감대가 형성되었다. 어차피 산행은 구실이었으니 차라리 친구를 돕는 농활을 택한 것이다. 집 앞에 다다르니 모자를 눌러쓴 친구가 외발 구루마를 끌고 나오다 마주치고 화들짝 놀란다. 그저 마주보고 환하게 웃는 것 외에 다른 말은 필요치 않다. 저마다 농부의 딸들이었으니 손놀림이 예사롭지 않다. 오랜만에 맡는 흙냄새도 좋고, 하던 일손 멈추고 준비해 간 간식도 먹는다.

잠시였는데 친구가 보이지 않는다. 누가 봐도 점심 준비를 하러 들어간 정황이다. 일 좀 도우러 왔는데 일을 보태주게 됐으니 난감하다. 일 마치면 시내 식당으로 갈 거라고 둘러대지만 친구는 친구대로 막무가내다. 친구 내외가 하던 일을 다 마치니 결국 점심시간이다. 아래층은 사업하는 친구의 물건을 쌓아두는 창고 겸 저장고가 있다. 2층 살림집으로 올라가니 아뿔싸, 손님맞이 상차림이 거창하다. 제 사업만도 바쁜 친구가 모처럼 날 받아 만난 친구들을 위해 있는 솜씨를 발휘해 차려낸 밥상이다. 산행이 아니어도 얼굴만 보면 된다던 친구들은 그 정성 앞에 무너진다. 친구의 손맛도 좋고 노동 끝에 먹는 밥이라서 더 꿀맛이다.

점심까지 배불리 먹었으니 그냥 일어날 수가 없다. 다른 일감을 찾으니 약도라지를 씻어 건조기에 말릴 참이란다. 매해 가을이면 배와 도라지, 은행에 생강까지 달여 장복한다는 친구는 꿀을 곁들이면 기관지에 좋고 그녀만의 감기 예방법이란다. 집주인 친구와 나는 한 동네에서 농사일을 제법 했다지만, 다른 두 친구도 농촌 출신이 어디 가는가. 두 친구 역시 손놀림이 예사롭지 않다. 두 팔 걷어붙이고 한쪽에서는 흙 묻은 도라지를 북북 문질러 닦아 헹구고, 한쪽에서는 굵은 놈은 칼로 저며 채반에 고르게 펴 칸칸이 채워 건조기에 넣는다. 사람 손 가서 나쁜 건, 남의 물건에 손대는 거 말고는 없다더니 여럿의 손을 더하니 능률은 배가 되었다. 아무리 일 잘하는 친구라도 혼자 하려면 부지하세월이었을 것이다.

잠시 차 한 잔 여유를 뒤로하고 그녀는 우리 몫으로 보따리를 챙기느라 창고 안을 서성인다. 삶아 얼린 시래기며 말린 묵나물이며, 앞서 도라지까지 챙겼는데 뭘 더 주려고 그러는 걸까. 결국, 그녀는 얼린 마늘 덩이까지 꺼내 들고나온 것이다. 「우체부 프레드」의 저자 마크 샌번은 '베풂은 기술이다. 다른 사람과 나누지 않는다면 당신이 가진 정신적 물질적 소유물은 아무런 소용이 없다.'라고 했다. 중년 주부들이라면 김장철을 전후해서 몇 개씩이나 얼려 두게 되는 마늘이다. 내가 다시 한번 놀란 건 얼린 마늘의 두께다. 떼어서 쓰기 좋으라고 약간 도톰하게 얼리지만, 늘 생활이 바쁜 그녀의 얼린 마늘은 건장한 남자의 손두께처럼 두툼하고 투박하다. 무엇이든 더 주고 싶은 어머니 마음을 닮은 그녀의 마음 두께가 저만큼 일까. 두툼하게 얼린 마늘 선물에 이런저런 생각으로 마음이 뭉클해진다.

굴레

뻔히 알면서도 맥없이 빠져든다. 걷잡을 수 없이 빠져드는 늪인가. 넋을 놓고 앉아 헤어날 줄 모르니 보는 이의 시선이 곱지 않다. 어디 곱지 않은 게 시선뿐이랴, 무슨 못된 짓을 하다가 들킨 아이처럼 '아차' 리모컨을 바쁘게 돌리지만, 기어이 남편에게서 '또 야?' 결국 한 소리를 듣고 만다.

남자들이 스포츠 채널, 뉴스 채널을 선호한다면 보통의 주부들은 드라마 채널 쇼핑 채널을 좋아하리라. 쇼핑 채널은 왠지 귀가 얇은 내가 봐서는 안 될 것 같고, 축구 야구 빼고는 한 팀이 몇 명인지도 잘 모르니 only 미드 채널 영화 채널만 고집한다. 마음 놓고 나다닐 수 없는 시절이니 TV에서 벗어나기가 더 어렵다. 주부의 본분을 망각할 지경은 아니지만, 핀잔을 들어가면서도 쉽게 끊지 못하는 미드 굴레에서 벗어나지를 못한다. 바보상자에 몰입해 울고 웃는 아내가 철부지 아이 같은가 보다. 헐렁하게 시간이 남는 건 그렇다 치고 노트북 앞에 앉아 글 작업을 할 때도 티브이를 켜는 버릇이 원죄다. 남들은 자기계발을 꾀해 남는 잉여시간을 알뜰히 활용한다는데 나는 대체 왜 이럴까. 집중력 방해 요인이 분명한 나락에 자청해서 빠져드니 대책이 없다.

주부의 본분도 글 짓는 일도 뒷전일 만큼 한 번씩 빠져드는 건 맞다. 혹시 내 입장 내 고집만 내세우는 걸까. 그렇다고 삼십 수 년 함께 산 아내를 한심한 시선으로 바라보다니 그런 남편의 메마른 감성을 나는 이해할 수가 없다. 부부의 취미가 같다면 얼마나 좋을까. 집중하고 몰입해도 모자랄 지경에 TV 소음을 음악처럼 들으며 자판을 두드리니 빈번하게 수정하느라 Delete 키와 Backspace 바를 눌러대니 딱할 노릇이다. 처음 볼 때는 자막을 보고, 두 번째는 연기를 보고, 세 번째라야 비로소 편안하게 감상한다는 어떤 이의 말처럼, 자막 읽으랴 배우들 연기 보랴, 스토리 이해가 더딘들 어떠랴. 자칫 이해도가 떨어질 상황이라도 감정이입은 누구보다 빨라 배우보다 먼저 울고 배우보다 먼저 웃는다. 신기하지 않은가.

미드 채널의 시리즈물 중에서도 과학 수사물, 추리물, 감동이 오래 남아 한동안 가슴 설레게 하는 시리즈물도 좋아한다. 우리와는 정서도 다르고 개인주의와 개방적 사고가 팽배한 그들의 삶에서 사람 냄새 풍기는 장면을 만나면, 따뜻한 동료애에 반하고 직업정신과 사명감으로 발휘되는 인류애에 놀란다. 복잡하고 미묘한 우리네 삶과 크게 다르지 않아 놀라고 담백하고 자유분 방해 보이는 미국 사회가 우리 삶과 닮아있어 또 놀란다. 영화도 예외는 아니다. 이즈음 유색인종 차별을 다룬 두 편의 영화 '히든 피겨스'와 '그린 북'이 내게 깊은 파문을 던져주었다. 그 감동의 굴레에서 나는 벗어나고 싶지 않았다. 영화평론가의 '나사 유리천장을 깬 흑인 여성들의 감동 실화'라는 영화평이 딱 맞는 여성 영화 '히든 피겨스'는 그 시대 숨겨진 영웅 세 흑인 여성들의 이야기다.

뛰어난 능력의 프로그래머 도로시 본, 천재적인 수학 능력자 캐서린 존슨, 흑인 여성 최초 NASA 엔지니어 메리 잭슨, 이 세 명의 흑인 여성은 인종차별과 불의, 편견에 맞서 싸워 이겨낸 여성 전사들이다. 영화 첫 장면에서 자동차 엔진 고장으로 멈춰선 세 여인의 출근길, 그들에게 의혹의 눈길로 다가온 백인 경찰은 이들이 제시한 NASA 사원증을 확인하고 놀란다. 백인 경찰의 에스코트를 받으며 나사로 향하던 그녀들의 출근길 해프닝은 감동의 예시였다. 나사 안에 유색인종 차별이 만연해 백인 직원이 쓰는 커피포트도 사용할 수 없고, 지금은 상상할 수도 없지만 그들과 같은 화장실도 쓸 수 없다. 유색인종 화장실을 찾아 800M나 멀리 떨어진 곳까지 내 달리던 극중 '캐서린'을 보며 나는 그녀의 방광이 걱정될 정도였다. 그녀가 자리를 자주 비우는 것에 대로하던, 상관 리차드 기어가 뒤늦게 하루에도 수차례 유색인 화장실을 찾아 먼길을 다녀야 했던 연유를 알게 된다.

수학자로서 컴퓨터보다 더 정밀했던 그녀의 실력을 의심치 않았던 리차드 기어는 나사 안에 만연한 유색인종 차별에 대해 그제야 알게 되면서 상황은 급반전된다. 그가 성난 얼굴로 화장실 표식을 떼며 '나사 안에 더 이상의 유색인 화장실은 없다.'라고 일갈하는 장면은 통쾌하고도 감동적이다. 거기에 비견할 또 다른 감동 영화, 2019년 91회 아카데미 3관왕에 빛나는 '그린 북'을 평한 평론가들의 한 줄 평이 인상적이다. '마법 같은 시간이 훌쩍 지나간다.' '새해를 여는 가슴 따뜻한 감동 실화!'라는 평만 보고도 기대감에 부풀었다. 백악관 연주회에서도 초청연주를 한다는 돈 셜리 박사는 흑인 천재 피아니스트다. 백인 우월주의가 팽배했던 1960년대 초 그는 위험을 무릅쓰고 남부지역으로 피아노 연주 투어를 기획한다. 그 기획에 동반할 기사 겸 보디가드를 찾는 것으로부터 시작한다.

토니 발레롱가는 이탈리아 이민자다. 낙천적인 데다 과장된 몸짓과 입담을 자랑하는 인물이다. 흑인 편견을 지닌 그가 셜리 박사의 보디가드 겸 운전기사 제안을 받는다. 고용주가 흑인인 것과 가족을 장기간 떠나야 하는 것도 마음에 들지 않지만, 연주 투어에 동행할 것을 결심한다. 거친 인생을 살아온 토니와 교양과 기품이 넘치는 셜리의 특별한 여정은 그렇게 시작된다. 편견과 차별, 위험을 감지하면서 떠난 연주 여행이다. 백인 관객들은 그의 훌륭한 연주에는 열광적인 반응을 보이지만 정작 자신들과 같은 식사 자리는 허용하지 않는 모순을 보인다. 고급 양복점에도 갈 수 없고, 앙상블 동료와 함께 식사도 할 수 없는 모멸감을 참아낸다. 온갖 불이익을 견디면서도 최선을 다하는 셜리 박사를 보며 토니는 점점 그에게 마음을 연다. 기사 딸린 차를 타고 다니는 셜리를 보는 흑인 노동자들 시선이 차갑다. 그 불편한 시선을 애써 외면해야 하는 그는 이쪽에서도 저쪽에서도 이방인이었다.

여행 내내 그들에게 닥치던 인종 간의 보이지 않은 벽, 영화 제목 '그린 북'이란 유색인의 여행 가이드북이었던 것이다. 여행의 막바지, 흑인 전용 바에 앉아 마음 편히 식사하고 바에 가득 찬 흑인들만을 위한 즉흥연주는 최고의 압권이요 감동이었다. 여행 중 그들이 가장 편안하고 행복해 보이던 시간이었다. 셜리 박사는 크리스마스이브까지 토니를 그의 아내에게 돌려보내 주겠다는 약속을 지키려고 졸음으로 힘들어하는 토니를 뒷좌석에 재우고 핸들을 잡는다. 눈 덮인 도로를 달려 기어이 토니의 집 따듯한 불빛 아래, 성탄 이브 파티에 합류한 모습은 그래서 더 큰 감동이었다. 크리스마스에 찾아온 특별한 우정을 대하는 또 다른 한 줄 평, 누군가 나처럼 감동 굴레에 빠졌었던가 보다. '두 번 세 번 보면 볼수록 감동의 크기가 더했다.'라는 감상평이 또 내 가슴을 뛰게 한다.

3부

꿈 한 자락

덤

지지난해의 유난했던 긴 혹서기, 한낮 외출은 절대 삼가라는 권고문자가 가을 문턱까지 날아들었다. 그럼에도 자연 바람이 아니면 선풍기도 싫어하는 남편이고 보니 에어컨은 언감생심이다. 여름을 다 보낸 어느 가을날까지 좀체 안정되지 않은 기온에 짜증이 났던지 갑자기 남편을 자극하고 싶었다. '며느리나 봐야 에어컨을 놓겠네.' 무심한 듯 데면데면한 남편도 그 말이 어지간히 걸렸던가 보다.

새치름한 꽃샘추위가 끝날 즈음 홈쇼핑에 에어컨 상품이 떴다. 쇼핑호스트의 멘트 하나하나 귀담아듣고 평수 계산을 하더니 남편은 아이들을 불러 일사천리로 주문을 끝냈다. 내심 한두 번 더 바가지를 긁고 나서 얻어내려니 했는데 싱겁게 끝났다. 비수기라서 가격은 많이 다운됐지만, 주문한 순서에 따라 설치까지 일주일 정도 걸린다더니 지게차까지 동원된 배달과 시공까지

닷새가 걸렸다. 간사하고 속 좁은 게 여인의 마음이라 했던가 봄이 무르익기도 전에 벌써 여름이 기다려졌다. 그러나 한여름에도 한낮 기온이 저지난해 무더위만큼은 아니었다. 시운전을 해보고 싶지만 홀로 있는 낮에는 켜기도 못해 칠월이 다 가도록 장승같이 선 녀석을 바라만 보았다. 팔월 들어 마침내 시험 가동하던 날, 작은 딜레마에 빠졌다.

달아오를 대로 달아오른 오후 네 시경, 곧 귀가할 식구들을 위해 미리 에어컨을 켤 심산이었다. 문제는 거실 중창을 열고 베란다 식물에도 시원함을 나눌 것인지 직립보행하는 인간만이 시원함을 누릴 것인가. 우선 가족들이 모이는 거실에 중점을 두었다. 한두 시간이 지나자 집안은 곧 시원해져서 기능을 반으로 줄여 유지만 했다. 문제는 베란다에 빨래를 거둬들이러 드나들면서 내 계산이 틀렸다는 것을 알았다. 베란다는 그새 열대식물원처럼 후끈 달아있었다. 두 시간도 안 된 시점에 어쩜 이리도 뜨거워진 걸까. 나는 어쩌자고 베란다 화분에 시원함을 나눌 생각은 왜 못했던 걸까. 그동안 우리가 견딜만했던 건 지열과는 무관한 5층이라는 것과 사방 창문으로 들어오는 자연 바람 덕이었다는 걸 간과했었다.

이런 느낌은 사실 처음이 아니다. 이사를 나온 첫해 겨울을 나면서 화분에 심은 식물을 몇 잃고 나서 자구책으로 거실 온기를 나누기 시작했다. 시내로 나오기 전에는 2층 단독에 살았다. 손수 지은 집이라서 '탱크가 밀고와도 끄떡없겠다.'라고 할 만큼 튼튼하게 또 난방에도 그만큼 신경을 썼다. 화분은 덕분에 세탁실 귀퉁이에서 훈훈한 겨울을 났다. 그러나 시내로 나온 첫해 가슴까지 밀고 들어오는 혹독한 추위와 살림집 말고는 모두 공실인 탓에 건물 전체가 냉기로 가득 찼다. 그 때문인지 벤저민이 심한 냉해를 입어 곁가지는 물론 원기둥까지 맥없이 죽어갔다. 눈물을 머금고 윗동을 뭉텅 잘라내는 응급처치를 하고서야 온기를 나누기 시작했다. 내 키만 했던 녀석을 볼썽사납게 뎅겅 잘랐으니 가족들이 알까. 다른 화분들 틈에 눈가림을 해두고 벤저민 생육조건을 찾아보니 온대성 식물이란다. 아뿔싸, 내 실수가 분명했다.

화초 가꾸기에 서툰 주인을 만나 고생을 시켰으니 딱하고 미안했다. 그 미안한 겨울을 보내고, 주인의 쓰린 마음을 알았던지 녀석은 그 봄날 새순을 눈부시게 밀어내고 있었다. 생각하지 못했던 새움을 보니 안도와 기쁨은 말할 수 없었다. 한껏 들떠서 식구들에게 벤저민을 뭉뚝 잘라내야 했던 사연과 예쁘게 새움이 돋고 있노라 고백했다. 다시 겨울이 왔지만, 녀석들은 거실로 들어오지 못했다. 남편은 화초를 그다지 좋아하지 않는 사람이다. 눈치껏 이건 누가 어느 때 선물한 것이라는 의미를 덧대어 의붓자식 감싸듯 부여잡고 키우는 게 난을 포함해 어림잡아 열댓 개 정도다. 그런 남편을 변화시킬 수 없다면 나도 머리를 쓰리라. 시원하거나 따뜻한 거실 공기를 나누어주면 녀석들도 더불어 행복할 테지, 거실로 옮기지 못할 바에는 차라리 이 방법을 쓰는 것이 더 최선의 방법이리라.

그렇게 훈기를 나누기 시작했다. 녀석의 겨울나기 실패는 나의 무지와 방관으로 빚어졌으니 같은 실수는 반복하지 않으면 된다. 나를 아프게 했던 녀석은 삼 년이 지나면서 보란 듯이 처음 모양을 갖춰갔다. 낙엽 지고 앙상해가는 녀석에 낙담하여 그대로 내쳤더라면 어쩔 뻔했나, 녀석을 대하는 남다른 애착은 나와 벤저민만의 비밀스러운 추억이다. 이 녀석들에게 하루 두세 차례 온기를 나누어주듯 에어컨 바람도 가끔은 덤으로 나누어주리라. 낮 동안은 사방 창문을 열고 견디다가 가족이 다 모이는 저녁 시간에 겨우 에어컨을 켜던 소극적인 행위가 얼마나 지났을까. 소위 말하는 살인적 더위가 아니어서 다행인 그 여름을 보내고 나니 기온은 어느새 가을을 부르고 있었다. 그 가을이면 나는 또 다른 덤 경험을 한다.

연속되는 '덤' 같은 사랑은 지인들의 따듯한 마음이 있어 가능한 행복이다. 지역의 산업화로 인구가 대거 유입되고 사방 농경지였던 지역이 유명무실하게 푸른 들판을 갉아먹고 있었다. 그러나 대대로 농사를 짓던 분들에게 농사는 천직이다. 경작지가 줄어들었다고 농사일을 멈추지 않는다. 습관처럼 봄이면 씨 뿌리고 가을이면 걷어 들이는 고귀한 기쁨을 마다할 리 없지 않은가. 그 손수 지은 수확물의 나눔은 소리 소문도 없이 시작된다. 어느 해 추석, 고향에서 막 돌아와 두 형님이 싸주신 사랑 보따리를 풀기도 전에 계단 끝에 고구마 상자와 감말랭이를 발견했다. 경남을 고향으로 둔 고마운 이웃이 빈집에 놓고 간 情이다. 마침 형님들도 많이 주셨고, 고마운 성의를 덜어내고 농사가 없는 이웃집에 고구마 나눔을 했다. 그다음 날은 또 다른 이웃이 고구마와 싱그러운 호파 다발을 보내왔다.

농작물 수확은 아흔아홉 번 손길을 거쳐야 얻어진다고 했다. 결혼 전에도 이후에도 농사와 무관하지 않은 생활이었기에 그 귀함을 너무 잘 알고 있다. 놀라움은 끝이 없다. 이웃 마을 지인도 수확이 많았으니 나눔은 당연하다며 가을걷이한 작물을 나누러 오셨다. 고마운 마음에 내 것 인심 쓰듯 이웃들과 기쁘게 또 나눔을 한다. 비우면 채워지고 비우면 채워지는 아름다운 만추를 경험한 그 가을, 말없이 인정을 나누는 천사 같은 부부가 정점을 찍는다. 그들은 추수가 끝나면 해마다 쌀 한 포대씩 선물로 보내온다. 비둘기같이 다정한 두 내외가 쌀 나눔 할 리스트를 정리하고 실천한다는 그들이 존경스럽다. 직장생활을 하면서 시간을 쪼개 어렵게 얻어낸 귀한 쌀이다. 사진을 찍다가 알게 된 지방의 시인, 격의 없이 만나는 지인에게도 여지없이 정을 나눈다. 농사일로 흘린 땀의 시간은 다 잊고 인정을 나누는 그들은 분명 날개 없는 천사다. 그들의 지인이라는 것이 고맙고 한편 가슴이 뜨거워진다.

누군들 내 것 아깝지 않은 이가 있을까. 계산 없이 나누는 숭고한 그들의 소리 없는 나눔은 덤이 아닌 온전한 사랑이다. 내가 가진 온도를 덤처럼 나누었다고 잠시 스스로 대견해 했었지만 거실에 떠도는 온기나 에어컨 바람이 온전한 내 것이었는지 생각해 볼 일이다. 본시 내 것이 아닌 것을 나누고 내 것 인양 자만했던 꼴이라니…… 18세기 프랑스 사상가 보브나르그는 '노동에서 얻은 열매는 모든 쾌락 중에서 가장 맛있다.'라고 말했다. 노동의 가치는 어떤 잣대로도 가늠하기 어렵다. 땀으로 얻어진 고귀한 열매를, 애써 지은 수확물을 나눔 하는 일은 그래서 더 성스러운 일이요 덤이 아닌 온전한 사랑이 아니었을까.

땀

조금 젊은 날, 등산이 붐을 타기 전, 산행하고 돌아온 저녁은 쉬 잠들지 못했다. 오르고 오르다가 정상 가까이에서 산 아래를 내려다보면 낭떠러지 같은 느낌에 밤새 가위에 눌리는 기분이었다. 그러다 산행에 참맛을 알게 된 것은 적당한 난코스였던 운악산을 수차례 오르며 극복했던 것 같다. 산도 산이지만, 작은 암벽을 만나면 바를 움켜잡고 조심조심 발을 제겨디디다 보면 묘한 성취감과 흠뻑 흐르는 상쾌한 땀이 좋았다.

사회생활을 하며 만난 어느 벗님이 남편이 땀 흘리며 일할 때가 가장 멋있다고 한 것에 잠시 옛 추억에 젖어 본 적이 있었다. 태생은 시골 분들이지만 서울살이가 몇 십 년인 그들도 땀 흘리며 일하는 모습이 가장 보기 좋더라는 말에 백 프로 공감하고 동의했다. 사회 곳곳에서 지위 고하를 막론하고 열심히 일하는 모습은 노동의 즐거움이요 숭고함조차 느껴진다. 건강한 땀은 아름답다. 스포츠인들의 열정 어린 땀, 농부님들의 고귀한 땀은 저절로 경외감을 불러오지 않던가. 노력과 열정 고귀한 땀에는 튼실한 결실과 값진 결과물이 따른다. 가끔은 의도한 대로, 혹은 땀의 대가를 얻지 못할 때도 있지만 더 귀한 경험과 과정을 걸어보았음에 더 값진 교훈을 얻는다. 아무런 소득이 없지 않은 것이 땀이다.

작은 애가 말을 막 배우고 한창 재롱을 떨던 때였다. 기껏 서너 살쯤 되었을까. 작은 녀석이 아빠가 밖에서 돌아와 벗어놓은 작업 셔츠에 코를 대고 '와, 아빠 냄새다!' 하며 신나는 얼굴이다. 남편은 당시 버섯농장과 농사일을 하느라 온종일 일터에서 보내다 돌아와 욕실로 들어가고, 아빠를 기다리던 녀석은 아빠 셔츠에 제 코를 박고 좋은 향기라도 맡듯 말하는 것이다. 작은애 말에 홀린 듯 나도 남편 셔츠를 받아 코를 갔다 댔더니, 종일 땀 흘려 일한 흔적이 시큼한 땀 냄새로 고스란히 배어있었다. 후에 버섯농장을 정리하고 이런저런 사정이 생기며 남편은 건축 관련된 자영업을 하고 있어 한여름 땀과의 전쟁은 여전하다. 여전히 진한 땀을 흘리며 일하는 남편은 아직도 허투루 돈을 쓰지 않는다. 땀의 귀중함을 너무나 잘 아는 사람이기에.

나에게도 비슷한 추억이 남아있다. 내 아이보다 좀 더 컸을 것이다. 그러나 내 기억에 그 시큼한 아버지 내음을 기꺼이 향기처럼 맡았던 기억이 부끄럽게도 내게는 없다. 한여름 아버지 몸에서 나던 시큼한 땀내, 한여름 모시옷이나 베잠방이는 늘 시큼한 땀 냄새가 났다. 에어컨은 생겨나지도 않았고 선풍기도 귀하던 시절, 휘적휘적 손부채를 부치셨지만 바람 숭숭 통하는 베옷도 모시옷도 복지경엔 소용없다. 등목을 가끔 하셨지만 노인에게 찬물은 금기시한다. 내가 철들기 전에 아버지는 이미 근력에 부치셔서 순한 누렁이 암소만을 건사하셨다. 한여름 꼴 베는 일이야 오라비나 내가 해도 되었지만, 빗질도 해주고 송아지 낳으면 송아지를 키워서 등록금도 만들고 아버지 쌈지를 채워 가용으로 쓰였다. 어린 시절, 등을 돌려대시며 '좀 긁어라.' 땀으로 끈적이던 아버지가 등을 돌려대시던 기억도 그리움이 되었다.

詩 동아리 활동을 잠시 할 때 시제를 서넛 내어주고 시를 지어와 서로 주고받으며 활동하던 때가 있었다. 마침 '땀'이라는 주제라 서툰 솜씨로 주저리주저리 읊었던 기억이다. 평생 교직에 계시다 은퇴하신 선생님께 가르침을 받고자 귀를 쫑긋하지만, 선생님께서는 과거 학급 아동들에게 '참 잘 써왔다. 그러면 다음엔 여기서 빼도 될 말들은 무엇일까. 하나하나 찾아서 줄여보렴.' 이라고 학생들을 다독이셨다는 말씀뿐이셨다. 짧지만 무릎을 치게 하는 깊이 있는 말씀에 詩 뿐 아니라 수필 작업을 할 때도 새겨두고 참고하리라, 마음먹었던 기억이다.

「땀」 성난 태양 / 손끝 까딱 않고 / 무차별 공격이 작렬한다 // 뽀송뽀송 / 땀 한 방울 / 흘리지 않고 이겨먹는다 // 질푸른 나무 / 색색의 꽃들도 / 목말라 시드는 데 // 삐질, 삐질 / 굵은 땀방울

/ 목덜미로 등줄기로 // 만물의 영장 / 인간만이 / 짭짤한 바닷물 온몸으로 토해낸다

세월 흐름의 따라 땀의 정의가 달라졌다. 돈을 쓰며 땀을 흘리는 사람들이 많아졌다. 특권층으로부터 온 국민의 스포츠가 된 골프며 찜질방이나 헬스장, 주민들을 위한 시민공원과 트레킹 도로를 달리는 시민들에게서 건강한 땀을 본다. 젊은이들은 또 그들대로 좋아하는 스포츠에 매달려 시간 가는 줄 모른다. 오십 년 넘도록 시골 생활만 하다가 시내로 나왔을 때 낮보다 더 화려한 상업지역에 밤이 낯설었다. 창문 밖에서 들려오는 취객들이 오가는 골목을 적응 못 해 삼십 년 살다 온 시골 동네 생각만이 간절했다. 집 앞 텃밭에 앉아 좋은 땀을 흘려보고 싶고, 보드라운 흙을 맨발로 걸어보고도 싶어 지난 시간을 간절하게 그리워했다. 이제 다시 어디로 갈 것인가. 이 자리가 꽃자리라고 나를 위로하는 지인들, 그냥 적응하고 살아갈밖에.

잠 못 드는 밤, 문명화된 삶의 질이 가져다주는 상실과 고독을 어찌할 것인가. 나는 이 증상을 도심 멀미요, 자연과 함께 살다 시내 살이 나온 후유증이라고 단정 지어 「멀미」라는 작품이 생겨났다. 네온 휘황한 주변 환경으로 수면을 빼앗긴 채 하룻밤 기와집을 몇 채씩 짓는 한밤중에, 근처 볼링장을 나서는 젊은이들의 시끌벅적한 소음으로 건강한 땀을 생각하면 위안이 되었을 때다. 건강한 땀은 언제나 옳다. '노동이 있으므로 비로소 안락도

휴식도 있다.' 영국 역사가 칼라일의 말이다. 간결하지만 얼마나 멋지고 아름다운 문구인가. 금은보화인들 화려한 그 무엇인들 땀보다 더 값진 게 그 무엇이랴.

손

한순간이요 찰나인데 알 수 없는 심사로 가슴이 싸해졌다. 모두 한껏 모양을 내고 찾은 행사장 아닌가. 무심하게 맞닥뜨린 한 여인의 '거룩하고 아름다운 손'에서 느껴지던 진솔함에 가슴이 저릿해졌다. 작금의 세태는 내면의 아름다움보다 가시적인 겉멋만을 추구하는 깃털보다 가벼운 시대다. 어줍지 않은 연민일까 쓸데없는 나의 오지랖일까. 아무려나 내겐 당치않은 사치다.

12월 중순, 해 떨어진 어스름의 건물 입구는 삭풍이 지나간 듯 휑하다. 이벤트랍시고 입구를 마주 보고 긴 테이블 두 개를 잇대 놓고 들어서는 동문께 "100주년 축하 멘트 하나 남겨주세요."를 연발하지만 자동문이 열릴 때마다 찬바람이 먼저 마중한다. 기념 사인을 받는 곳은 모교의 송년 모임이 열리는 행사장이요, 백주년을 일 년 앞두고 마련된 홍보부스다. 참석하는 동문의 기념 사인을 받아 기념관에 전시하려는 기획이다. 역대 동문회장님,

지역 인사들께도 정중하게 부탁을 드린다. 지역에 살면서도 동문님 얼굴을 다 기억 못 하니 다른 행사를 찾은 낯선 분께 홍보하려다 민망함을 면치 못한다. 그럼에도 '나 글씨 안 예쁜데.' 한 발 빼는 모습이며 '내 몫까지 다 써줘' 친구들끼리 미루는 모습을 보며 이만하면 이벤트는 성공적이지 싶다.

행사 시간이 임박해 쏠림 현상이 느슨해질 즈음, 서너 해, 아니 그보다 더 어릴 것 같은 후배의 사인하는 모습을 무심히 내려 보다 가슴이 쿵 내려앉았다. 그리 크지 않은 체구에 별다른 특이점 없는 평범한 여인이다. 네일아트 한번 해본 적 없을 것 같고, 일을 많이 했음 직한 거룩한 손, 언뜻 스치듯 보았지만 일을 많이 했을 것 같은 험한 손의 충격으로 가슴이 뜨거워졌다. 장갑을 끼지 않은 손이라서 더 그런 걸까. 겨울 찬 기온이 그리 보이게 했을까. 추위 탓에 불그스름하게 언 손은 더욱 거칠어 보였다. 마치 사십 년도 더 된 기억 속의 내 손을 닮아 등줄기가 갑자기 후끈해졌다. 잊힌, 아니 잊은 줄 알았던 지난날 기억들이 넘실거린다. 누름돌에 눌렸던 오이지처럼 노점상 기름 솥에서 동실동실 떠오르던 도넛처럼 생각들이 일시에 떠올랐다.

자랄 때 우리 집은 물이 참 귀한 집이었다. 어머니의 소원이었을 울안에 펌프를 설치하려고 우물을 파기 시작했다. 부족할 줄 알면서도 우물 파기를 멈춘 것은 커다란 암반을 만나면서 더 팔 수가 없어 포기해야 했다. 우물을 파던 며칠째인가. 당시 미취학이던 동생이 빈 밥상을 들고 부엌으로 들어가는 큰누나에게 부엌문을 열어주고 뒷걸음치다 그만 우물에 빠졌다. 미처 퍼내지 않은 흙더미가 있어 요행 다치지 않고 동생은 흙 삼태기를 타고 올라왔다. 당시 나는 몇 학년쯤 되었을까, 학교에서 돌아오니 동생이 크게 다칠 뻔했던 낮 동안의 사고 이야기를 전한다. 그전까지는 동네 우물을 이용했을 것이다. 물 긷는 일은 어머니나 언니의 일이었을 만큼 나는 꼬맹이 시절이었으리라.

동생이 우물에 빠졌던 사연을 가진 우리 집 펌프는 가뭄을 심하게 탔다. 비가 많은 봄에서 여름까지는 걱정 없었지만, 가장 극심한 고통은 한겨울 눈이 녹기 전 건기였다. 물 긷는 일이 고통스러운 건 확실히 겨울이다. 쩍쩍 손이 달라붙는 펌프에 마중물을 붓고 한참을 끌어올려도 온 가족이 쓰기에는 역부족이다. 거기다 대식가 누렁소가 있으니 여물 쑤는 물도 적지 않다. 달덩이 같던 언니는 결혼을 했고 병약했던 어머니를 돕는 집안일은 서툰 내 몫이었다. 물이 가득 찬 양동이를 양손에 들고뛰다시피 걸었다. 사정없이 출렁거리던 물이 양쪽 다리에 스며드는 냉기는 금시에 버적버적 얼어버렸다. 겨울바람에 손등이 짝짝 터지는 것도 그즈음이다. 가마솥에 물을 채워 군불을 지피면 옷은 언제 그랬냐 싶게 말랐지만, 터진 손등은 사정없이 쓰리고 따가웠다.

물이 흔해 물 인심을 쓰던 울타리 없는 이웃이 있어 다행이었다. 일상에 필요한 물은 그야말로 조족지혈이다. 한겨울의 설날과 정월 스무날 제사도 한 분 계셨고, 어머니 생신은 동짓달 스무날이요 선친 생신은 정월 열하루였다. 미풍양속이 살아있었으니 음식 장만을 해 이웃들과 아침을 나누던 때였다. 음식이야 집성촌의 이웃들이 도와주지만 묵어가는 손님이 계시면 밤에도 물 길으러 다녀야 했다. 여느 노랫말처럼 '다시 가라 하면 나는 못 가네, 마디마디 서러워서 나는 못 가네.' 하는 구절은 그래서 더 특별하게 다가온다. 동문회 행사가 한참 진행되도록 동문을 맞고 사인을 받다가 뒤늦게 연회장에 들어섰다. 행사 시작 두 시간 가까이 되었으니 이 취임식과 각계 기관장 소개도 끝나, 식사와 여흥이 진행되고 있었다. 왁자한 소음을 따라 끝물 음식을 담고 친구들 곁에 자리를 잡고 앉았다.

여흥에 묻혀 음식은 먹는 둥 마는 둥 내 마음을 다 보여주는 친구가 곁에 있어 방금 본 아름답지 않지만 아름다운 '손' 이야기를 꺼냈다. 그 친구는 눈이 동그래져 면박을 준다. '열심히 살면 되지, 너나 나나 멋 내는 사람들이 아니잖아.' 내 말이 흉이나 동정처럼 들렸나? 어줍잖은 내 동정심을 나무라는 것 같아 서운해진다. 나 또한 누구에게도 보이고 싶지 않은 손을 가졌는데 말이다. 어쨌든 당당한 후배를 보고 적잖이 충격을 받은 뒤라서 친구의 면박쯤 아무렇지 않다. 다만, 행사가 끝난 몇 날 며칠 깊은 생각에 젖었다. 사실 나는 오른손 검지 한 마디가 없는 흉한 손가락을 가졌다. 열두 살 나던 봄에 친구들과 개구지게 놀다가 그 지경을 만들었다. 어머니를 울리고 친구들의 동정 어린 시선을 받았다. '저 손으로 시집이나 갈 수 있을까?' 동네 어른들은 염려했을 것이다.

바보 같은 남자를 만나 결혼을 했다. 이 진정한 바보 남편은 정혼 후 뭉뚝한 내 손가락을 보았을 터였다. 소개받고 다섯 달이었으니 분명 사랑보다 연민이었을 것이다. 마음속으로 왜 번민이 없었을까. 책임질 일도 없었는데 이 바보 남자는 지금껏 내 보호자가 되어 아직 내 곁에 있다. 부끄러운 마음이 컸던 나는 제왕절개 복부 흉터보다도 그 손가락만은 정말 보이고 싶지 않았다. 두 아이와 놀아줄 때도 뭉뚝한 손을 보이기 싫어 주먹만 내는 못난 엄마였다. 차라리 산업현장에서 일하다 생긴 상처였다면, 가족을 위해 더 나은 미래를 위한 경제활동으로 그리되었다면 얼마나 떳떳했으리오. 단추를 끼우거나 섬세함이 요구될 때는 중지를 쓰면 되지만, 크고 작은 불편함보다 나 자신에게 더 부끄러운 평생의 치부였다.

상대방이 내미는 손을 선뜻 잡지 못하던 나는 못난이 오른손을 드러낼 용기가 필요했다. 전혀 이해관계 없는 남남 앞에서는 더욱 그랬다. 후에 중소기업에서 소품 포장을 하든, 자동차 부품의 피스를 박든, 아무도 내 손을 볼 수 없게 빠르게 빠르게 최대한 노력을 해도 어깨는 늘 움츠려졌다. 후배의 거친 손을 보며 겨울이 되면 가문 논바닥처럼 텄던 내 손이 먼저 떠오른 건 맞다. 그러나 뭉뚝한 내 검지를 덜 부끄럽게 생각할 수 있겠다는 작은 용기가 생긴 것도 사실이다. 안 보이게 가리고 꽁꽁 감추던 못난이 내 검지를 이젠 사랑할 수 있을 것 같다. 후배에게 배운 자신감인지 좀 더 나이를 먹고 생긴 용기일까.

2019. 12.

꿈 한 자락

화면 가득 펼쳐진 대자연이 시선을 빼앗는다. EBS 한국기행 '마음이 쉬어가는 자리'라는 부제가 붙은 영상이다. 도심을 떠나 느림의 미학을 실천하며 살아가는 이들의 만족도가 커 보인다. 복잡하다는 것은 발전된 시대를 살아간다는 다른 말일지도 모른다. 때로는 그 문명의 과도한 발전으로 맞닥뜨린 필요악을 즐기면서 살아가는지도 모른다. 그 문명의 이기를, 그로써 파생된 부작용과 질병으로부터 피접해 도심에서 멀리 떨어진 산간지역이나 한적한 바닷가에 둥지를 튼다. 그런 용기를 내기까지 그들도 쉽지는 않았으리라.

대도시나 산간벽지가 아니고는 이미 도농의 경계가 무너졌다. 그 모호해진 시대를 살아가지만 정작 피안의 삶을 선망하면서도 선뜻 따라 하지는 못한다. 다만 아쉬움으로 끝없이 대자연을 찾아 나서는 친자연적 행보로 몸부림치는 것일 게다. 바야흐로 포스트 코로나라고 했던가. 지옥 같은 코로나 19의 우울한 시기를 지나면서 만들어진 친구들과 가벼운 산행은 빼앗긴 일상에서 새 숨통을 트이게 했다. 도심도 농촌도 아닌 지역에 그나마 야트막한 동네 야산이 새삼 고맙다. 건강한 노후를 대비한 자구책으로 찾는 산행에 친구들이 있으니 기쁘지 아니한가. 매일 만나는 풍경에 미묘한 변화가 보이면 처음인 듯 탄성을 지르고 핸드폰에 담는다. 나이든 여인들의 무미건조하고 무료한 일상에서 만난 청량음료다.

속세와 인연을 끊고 산중에 묻혀 사는 이들이 주인공인 영상도 있다. 사람과 사람 간의 신뢰가 무너져 산중으로 파고든 사람, 건강을 잃어 죽음을 목전에 두고 찾은 치유의 공간이 되어준 그 매력에 빠져 눌러앉게 된 사람들의 이야기다. 잘나가던 사업이 사기로 말미암아 나락을 경험하고 실의에 빠져 찾게 된 피안의 공간이기도 하다. 자연은 그들을 품어 안고 치유해주는 명의였던가 보다. 그러나 저 오랜 세월 고독과 싸우며 자연과 동화되기까지 쉽지는 않았으리라. 내게서 돌아선 사람을 마음으로부터 밀어내고 용서하기까지 고행의 시간을 보냈을 것이다. 건강을 되찾고 삶을 다시 붙잡기 위해 산중으로 숨어들었지만, 어찌 다른 이에 체온이 그립지 아니했을까. 더구나 누리고 겪어본 세속적 영화를 어찌 잊고 산다는 말인가. 외로움과 싸워 견디고 그간 길든 편의를 뒤로하고 결핍을 견디며 살아온 세월이 아프게 녹아든다.

우리 지역은 그쯤 어디일까. 한때는 우리 지역도 물 맑고 산수 좋다고 자부했던 지역이다. 술맛을 좌우한다는 물 좋은 덕에 전국적으로 알아주는 포천막걸리를 가졌고 옛적부터 시인 묵객들이 시조 짓고 시조 문답을 즐기며 노니셨다는 명소도 많아 '영평팔경'이라 명명하지 않았나. 내 어린 날 한내천이라는 큰 개울에서 멱 감고 모래무지 잡던 그 하루해가 짧았던 시절이 있었다. 현실은 그렇게 뛰어놀만한 시절도 아니고 놀 아이들도 없다. 그 개울가를 따라 생겨난 트레킹 도로를 걷다 보면 간혹 낚싯대를 드리우고 세월을 낚는 이들을 본다. 그들은 낚시를 하기보다는 무료한 시간을 낚거나 잡다한 머릿속을 비우는 중일지도 모른다. 물길을 따라 청둥오리가 무리 지어 놀고, 긴 부리와 다리를 자랑하는 왜가리가 날아드는 걸 보면 아직 생태계가 살아있는 게 분명하다. 개울물이 아직 살아있다는 증거이니 다행한 일이다.

사람 人 자는 서로 기대 살아가라 만들어진 의미라니 신기하지 않은가. 아무리 사람 간의 신뢰가 무너져도 사람의 그늘 없이 사람의 훈김 없이 어찌 살아간단 말인가. 예전 어른이 하시던 말씀이 생각난다. '사람한테 불과 물은 원수가 없는 거야. 불로 전 재산을 날려도, 물에 부모를 잃거나 자식을 잃어도 남은 사람은 일생 불 없이 물 없이 살 수 없는 법이거든' 그 진리에 나도 하나 추가하고 싶다. 사람은 혼자서는 살아갈 수 없다. 아무리 부자 장자라 해도 돈만으로는 살 수 없다. 돈과는 대화도 할 수 없다. 우리 삶 전반에 걸친 모든 것들은 다른 누군가의 끝없는 노동의 영속성과 수고로움으로 지속 가능한 것이 아닐까. 채소를 가꾸고 곡식을 거두는 농부와 가축을 기르는 목장도 유제품을 생산하는 가공업체도 필요하다. 천연섬유이든 합성섬유이든 또 누에고치가 만들어낸 비단이든, 누군가는 또 옷을 지어야 한다. 그리하여 혼자서는 살아갈 수 없는 세상이 아니지 않은가.

우리는 막연한 그리움으로 대자연을 동경하고 찾아 떠난다. 여러 해 전 다녀온 뉴질랜드 여행길이었다. 일정에는 있었지만 갑작스러운 눈발로 통제되어 갈 수 없었던 밀퍼드 사운드와 마운트 쿡 관광이 불발되어 아쉬움을 남겼다. 내 생전 뉴질랜드 오스트레일리아를 다시 가 볼 수 있을지 호주에서의 블루마운틴의 그 거대한 산야를 바라보면서 뉴질랜드의 아쉬움이 더했다. 밀퍼드 사운드 호수를 다시 갈 수 있다면, 마운트 쿡 트레킹 코스를 무릎 건강이 허락하는 한 트레킹도 즐기고 싶은 게 한 자락 꿈이 허락될지 모르겠다. 현지 가이드의 획일적이고 틀에 박힌 겉핥기식 여행에 아쉬움이 컸기에 드는 생각이다. 거기다 만년설 같은 빙산이 녹아 계곡을 이루고 굉음을 토해내던 초록 물빛을 어찌 잊는단 말인가. 아직도 나의 뇌리에 가슴에 귓전에도 생생히 남아 기억되는 거대한 초록 물줄기였음을.

너무 맑아 눈이 시리던 그 푸른 물 풍경을 언제 또 만날 수 있을까. 나의 작은 소망은 꼭 그곳이 아니라도 대자연 어딘가 한적한 곳에 살고 싶다는 소망을 품어본다. 자연에서 나고 자연에서 자란 인생이니 그 외에 더 바랄 게 무언가. 다른 한편 어느 곳이든 사랑하는 사람들과 함께라면 그 자리가 바로 꽃자리 아닐까.

마지막 선물

문화예술의 불모지나 다름없는 우리 포천지역에 문화예술의 씨앗을 심은 분이 방초 이석구 선생님이시다. 서울에서 나신 선생님은 너무 가냘프셔서 나이 불문하고 모성애를 자극하는 분이셨다. 작은 체구이심에도 남다른 강단으로 문화를 대하는 열정이 남다르셨다. 이곳 포천지역 초등교육계에서 후진 교육에 힘쓰시다 퇴임하신 이후에는 지역 문화예술발전을 위해 문화와 예술의 씨앗을 파종하셨으니 오늘날 우리 같은 후배들이 이만큼이나 운신할 수 있도록 토대를 마련해 주신 분이시다. 방초 어른의 마지막 선물, 눈물의 유고집 『후박나무 아래』를 우편으로 받고 보니 울컥한 심사를 지울 수 없다.

갑작스러운 부음을 접하고 망연자실했던 날들로부터 두 계절이 지났다. 방초 선생님을 평소 흠모하시고 따르시던 포천의 수필동아리 달포회 손진홍 회장님께서 육필원고를 타이핑하시고 문맥과 오탈자 점검하라고 주신 원고를 접했던 날, 원고를 얼마 넘기지 못하고 더운 눈물을 쏟고야 말았다. 유고집 앞부분은 시를 배치했고, 산문은 채 매듭짓지 못한 미완작도 더러 보여 이미 병환이 깊으셨음을 감지할 수 있었다. 그럼에도 이성만은 냉철해 한 자 한 자 꾹꾹 눌러쓰신 육필원고는 글씨가 점점 흐려져 영 알아볼 수가 없어 마음 아프고 애먹었노라 소회하신다. 「중환자실의 내 자존심」 詩 전문을 읽다가 기어이 눈물이 폭발했다. 어려서는 고추라고 했고 / 커서는 밑천이라고 했다 / 지금 중환자실의 내 자존심 / 정말 별 볼 일 없다 / 홀 짝 벗겨놓고 / 아무나 누구나 / 처녀나 아줌마까지 / 건드려보고 치료한다 / 비참하다 // (중략) 한두 소절이 지나 막무가내 걷잡을 수 없이 눈물이 쏟아졌다.

평시 기관지가 좋지 않으셨다고 들었다. 2차 백신을 맞고 갑작스럽게 찾아온 후유증, 자존감을 부여잡을 수 없는 지경에 裸身으로 내맡겨진 상황에 무너져 내린 자존심, 꼿꼿한 어른께서 어찌 받아들일 수 있었단 말인가. 사정이 극도로 나빠져 중환자실에서 보내는 나날이 얼마나 지옥 같으셨을까. '닷새 만이라도 집에 다녀오게 해 달라'는 어른의 요구는 받아들여지지 않았다. 가족들과 손 회장님을 유리창 너머로 만나실 때 몸 상태와는 달리 어른의 신경은 너무나 맑고 명료하였으니 더 비참하고 비감에 젖었으리라. 정신은 그 어느 때보다 날카롭고 명징한데 중환자실 신세라니, 하의가 벗겨진 채 환자복이 웬 말인가. 냉철한 정신이 원수 같으셨을까? 당신의 처연한 환경과 치욕에서 벗어나고 모두가 편안해지는 길은 생명줄과 같은 링거 줄이면 가능할 테지, 하셨다는 대목에 다시 더운 눈물이 흘렀다.

「손진홍」 당신을 뭐라 부르든 / 만족할 수 없구려 / 앞으로도 지금처럼 삽시다 / 전생에 무슨 인연이 있었길래 / 이 지경이 됐단 말이요 / 고맙기보다 미안할 따름이요 // (중략) 두 분 어른은 대체 어떤 인연이었기에 이리도 각별하셨던 걸까. 스승 대하듯, 대선배 대하듯 방초 선생님과 손 회장님과의 우정은 상상 초월이다. 어떤 인연이기에 방초 어른 병환 중에도 자주 찾아뵙고 마지막 장례 모시는 일, 유고집 정리와 출간, 또 한 분 한 분 지인들에게 우편물 배송까지, 범인인 나로서는 그 노고가 상상이 안 간다. 그리고 또 한 분 「백림에게」 자네와 난 / 야자 친구도 아니면서 / 가까운 / 친척도 아니면서 / 영혼을 나누었지 / 내 반쪽은 자네야 / 그 이상 더 무엇이 있겠나 / 백림 눈물이 나네 // 지역의 한학자, 백림 선생을 두고 쓰신 글이시다. 두 분이 범상치 않은 두텁고 깊은 인연의 고리가 신비할 뿐이다.

포천을 너무나 사랑하신 분, 포천에 미래를 우리 토박이보다 더 고민하고 더 발전시키시려 연구 노력하시던 방초 어른은 이제 떠나셨다. 남은 우리가 해야 할 일은 어떻게 포천을 키워가야 할지를 고민해야 한다. 지리적 요건이 좋지 않아 발전이 더뎠다는 걸 모르지 않지만, 문화예술 불모지에 방초 어른께서 하나둘 예술의 씨앗을 뿌렸듯이 조금씩 커나가는 포천을 보여드려야 마땅할 일이다. 예술은 삶의 질과 결코 다르지 않다. 먹고살기 바빠도 음악회 한번 가는 것도 문화생활이다. 미술 전람회도 가고 도서관에도 가고 헌책방에 들러 책 한 권 뽑아 읽는 것도 삶의 질을 높이는 일이다. 문화예술은 우리의 삶을 지적으로 향상시키고 생각을 살찌우게 한다. 어른님이 포천에 심고 싶었던 예술의 씨앗은 이미 우리 가슴에 심겨 있다고 확신한다.

산문집『실향의 덫 Ⅱ』에 실린 당신의 속내, 교사들이 참교육과 멀어지는 걸 우려하셨다. 예부터 스승의 그림자는 밟지도 말라는 그 고귀한 스승의 길을 스스로 져버리고 한낮 교육 노동자로 전락한 셈 아닌가. 노조를 만들어 더 나은 처우를 원하고 위안 삼은들 명분이 서겠는가. 때마침 퇴임 시기가 되어 천근만근 무겁고 불편했던 마음을 무릅쓰고 퇴임하셨노라 고백하셨다. 교사는 아이들을 바른길로 인도해야 할 책임과 의무가 뒤따른다. 산문집에서 본「신평분교」는 그래서 크나큰 감화와 감동을 불러왔다. 전교생이 한센병 미감아들인 신평분교 학생들에게 열정과 사랑으로 최선을 다해 진정한 스승의 모습을 보이셨으니, 선생님과 보낸 3년은 그 학생들에게 평생 따뜻한 추억을 안고 살아갈 힘이 되었으리라 능히 상상할 수 있는 일이다.

두 계절 전에 떠나신 방초 어른의 마지막 선물,『후박나무 아래』그 어른의 유고집은 그래서 반가움보다 이제 더는 어른의 말씀도 엷은 미소도 다시는 뵐 수 없음이 실감 나 비감에 젖게 한다. 어른의 유언을 고이 받들어 원고 정리하시느라 애쓰신 손진

홍 회장님의 빈 가슴을 감히 상상해 본다. 또 꿈길처럼 소망처럼, 아끼고 좋아하시던 후박나무 아래 고이 잠드신 방초 어른의 평화로운 영면을 기도드린다. 선생님이 주시는 마지막 선물이 이렇듯 또 나를 울린다.

크루즈 소동

내 생애 지중해를 갈 수 있다니, 환상적인 상상만으로 가슴이 부풀어 올랐다. 벌써 여러 해 전 시작한 사촌들 간 크루즈 計는 벌써 서너 해 지나 몸이 먼저 들썩이기 시작했다. 마음 같아서는 비교적 가까이, 싱가포르와 말레이시아 해안을 돌아보는 4~5일의 짧은 아시아 여행을 한번 해보고 지중해를 가게 되기를 바랐으나, 코비드 19의 위력은 크루즈도 일반 여행도 허락되지 않았다. 드디어 코로나 백신 부스터 샷까지 맞았으니 이만하면 무장은 한 셈이다. 기어이 크루즈 계약을 하고 나니 이젠 날짜만 꼽으면 될 일이다.

남편에게 일정을 알려주니 자기는 가지 않을 거라 단호히 말한다. '아, 저 고집' 일시에 설렘을 무너트리는 재주를 가진 남편, 도대체 사촌들 다 가는데 혼자만 안 가겠다고 버티는 이유가 뭘까. 남편이 정말 밉다. '그래요, 자기는 평생 그렇게 일만 해요.'

설득을 포기하고도 토라진 마음이 풀리지 않아 결국 된소리로 내 쏘았다.

“아니 생활비 쪼개서 기껏 아껴서 붓고 있는 크루즈를 왜 안 가겠대, 왜?”

“누가 그걸 시작하랬어? 난 처음부터 안 간다고 했잖아.”

한껏 들떠 있다가 급속냉각된 집안 분위기가 세하다. 나는 왜 이렇게 남편과 뭐가 잘 안 맞을까. 남편과의 결혼생활이 근 사십 년이 되어간다. 이제껏 열심히 살아왔으니 잠시 여행을 간들 누가 뭐랄까. 아니면 집이라도 누가 떠메고 가나? 막무가내로 자신은 아니 가겠다니 연구 대상이 분명하다. 아무리 데면데면한 남편이라도 한 번쯤은 아내를 위해 적당히 맞춰주면 어때서 몽니를 부리는가 말이다.

그 소동을 아는지 모르는지 처음 정했던 여행 일자는 여권 기한 만료가 다 된 일행이 있어 새로 만들고 어쩌고 차일피일 미루는 사이 정해진 일정은 다른 이들에게 빼앗겼다. 여행에 목말랐던 여행객들이 대체 얼마나 많았던 걸까. 우리도 서둘러 예약을 하고 보니 친정붙이들이 온통 이번 여행에 빠진다는 내 남편이 관심사다. 일을 좋아하는 사람이 근 보름간의 외유를 결정짓지 못하는 모양이라고 해 놓고도 속이 상한다. 매형을 설득하러 오겠다는 동생에게도 ‘오나 마나 똑같아. 서운하면 나만큼 서운하겠니? 매형은 그냥 놔둬.’ 말은 그렇게 해도 속상한 건 마찬가지다. 크루즈가 아니라도 이런 갈등을 겪었을까. 다 같이 가는 여행에 자신은 굳이 가지 않겠다는 별난 남편, 공연히 내 능력밖에 욕심을 낸 내 탓을 하고 후회해 봐도 결론은 마찬가지다.

나는 왜 크루즈 計는 시작했을까? 이 상황을 예기치 못한 내 발등을 찍고 싶다. 어차피 남편에게 생활비 타서 쓰는 내 사정 다들 뻔히 알 텐데 공연히 오기를 부린 것 같아 후회막급이요 어깨가 움츠러든다. 어차피 내 남자의 고집은 꺾을 수 없다. 그렇다고 기회를 버릴 수도 없다. 분에 넘치는 크루즈 여행에 들떠 생활비를 쪼개 쓰던 일도 발등을 찍을 일이다. 기왕 이리되었으니 다 잊고 친정붙이들과 추억 쌓는 일에만 매진하리라 마음을 다진다. 오래전 홀로된 사촌 언니와 방 배정도 자연스럽게 해결되었다. 겉으로는 대범한 척 그러려니 하면서도 속으로는 알짝지근한 마음 숨길 수가 없다. 친정아버지 기일에 만난 동기간들이 아쉬움을 여과 없이 내비친다. 마음이 또 답답해진다.

다들 들뜬 기분이 완연했고 심지어 남동생은 동기간들의 방 배정에 아쉬움을 토로한다. 저리 들떠 가을이 올 때까지 어찌 기다릴까. 사촌과 안부 통화하면서 그때쯤이면 날씨는 어떨까? 뭘 준비하면 될까? 다들 들떠 있는데 나만 즐기지 못하는가 싶어 서운한 마음을 추슬러 본다. 내 생애 첫 크루즈다. 로마에 도착해 첫 삼 일은 소렌토와 폼페이를 비롯한 몇몇 지역과 피렌체의 야경도 보고 나흘째 날 베네치아에서 크루즈에 승선한다. 선상에서의 일주일간 지중해를 나의 두 눈과 가슴에 통째로 담아오리라. 크로아티아 스플리트, 그리스 산토리니도 밟아 볼 일정이 꿈같다. 받아놓은 날은 빠르다더니 시간 흐름이 빠르다. 함께 못하는 남편 마음을 위로해야 할까, 안 간다는 그를 미워해야 할까. 나도 남편도 마음이 편해지는 길을 모색해 마음 편하게 전자를 택하기로 한다.

여행 일정이 다가오나 했더니 갑자기 일정이 틀어졌다. 우리가 예약한 크루즈가 취소됐다는 것이다. 뭐지? 왜 이런 일이 벌어진 걸까? 거대한 크루즈사 측의 설득력이 약해, 이런저런 경우의 수를 다 생각해도 쉽게 이해되지 않는다. 술렁이던 사촌들과 함께 크루즈 여행사를 찾았다. 그러나 대답은 같다. 다른 크루즈는 출항에 이상이 없다는데 왜 하필 우리가 예약한 크루즈만이 말썽인가? 따지듯 명확한 답을 듣고자 했지만 '하필 우리가 예약한 크루즈만 하필 왜 그 배만' 같은 이야기만 확인할 뿐이다. 우리가 타려던 크루즈는 연기된 상태라니 대체 이게 무슨 조화 속이란 말인가. 정말 맥 빠지는 일이다. 그리고 다시 조율한 일정이 계절의 여왕 오월이다. 계획도 조금 수정되었다. 어찌 됐든 지중해와 이탈리아 남부 여행할 생각에 다시금 마음이 부풀어 오른다.

언젠가 문화원장을 지내신 집안 조카님이 내게 도움말을 주시며 모쪼록 여행을 많이 하라 조언하시던 일이 떠오른다. 많이 돌아보고 많이 경험하라는 말씀이시다. 마침 걷는 걸 좋아하니 우울감은 떨쳐버리고 건강을 다져놔야겠다. 동행하지 않는 남편을 향한 미운 감정도 시간이 지나면서 평상심으로 돌아왔다. 내게 미안해지도록 나는 내일만 하자. 미움도 서운함도 다 놓고 크루즈 소동은 이제 잊어버리자. 남편이 내게 미안한 마음이 생기도록 만들고 싶다. 과연 그 시간은 올까?

세 시간 오십 분

정작 그녀를 만나러 가는 시간은 채 네 시간도 걸리지 않았다. 얼마나 벼르던 만남이었나. 모종의 여행 모의가 이렇게 빠르게 이루어지리라는 것을 상상이나 했던가. 남들은 잘만 다녀오는 제주도를 이렇게 벼르고서야 나서다니 내 부족한 주변머리에 꿈 같은 현실이다. 손꼽아 보니 한라산 산행으로 찾았던 일이 칠팔 년이 가깝다. 잠을 설친 첫 새벽부터 부산을 떨고 넉넉하게 공항에 도착해 10시 30분발 제주행 항공권을 손에 쥐니 비로소 실감이 난다. 막연한 기다림 끝에 찾아온 선물 같은 기회에 감사하고, 예기치 않은 행운에 또 감사한다.

지역에서 알고 지내던 J는 지역 문협과 문단의 선배였다. 성격이 똑 부러지고 야무지기가 대추방망이 같은 그녀는 문학단체에서 중요한 직책을 맡고 있었고, 뒤늦게 문단에 발을 디딘 나는 평회원이었다. 같은 지역 같은 공간에 살 때도 그리 친숙한 사이였는지 지난 시간을 되돌아봐도 살갑던 기억이 떠오르지 않는다. 거기다 그녀는 시인이었고 나의 주 종목은 수필이었으니 장르도 서로 달랐다. 그런 상황과는 관계없이 상대를 존중하고 흠모하는 마음은 감추지 않았다. 내게 없는 사회성과 그녀의 담백함이 종종 부러웠다. 생물학적 나이는 크게 중요하지 않다. 더구나 문단에서는 필력이 나이다. 네댓 살 더 많은 내 나이 자랑할 처지도 아니었으며 서로를 응원하며 바라볼 뿐이다.

'어머 회장님이 이야기하시기에 누구인가 했네요.' 전혀 예측 못 한 곳에서 J를 만났다. 방송대 2학년 상반기 교양과목 시험을 치르고 나오다가, 오후 3학년 교양 시험을 치러 온 그녀와 딱 마주쳤다. 예기치 않은 장소에서 얼결에 마주치고 놀라 '네, 시험 잘 치세요.' 그렇게 헤어지고 또 지역 시화전에 참여하고, 지역 문예지에도 참여하면서 이어져 왔다. 주 종목이 아닌 시화전 참여를 해도 내게 힘을 주던 J가 어느 해 생활 터전을 제주로 옮겨 간다고 전해와 적잖은 아쉬움을 안겨주었다. 나 개인에게도 지역 문협에도 크나큰 손실이 아닐 수 없었다. 그렇게 제주살이를 하면서 그녀는 제주 풍광에 취할 때마다 나를 소환했다. 자신이 느끼는 제주 풍광을 수필인 눈으로 보아주기를, 그녀는 그렇게 에둘러 그리움을 표현하지만, 왜 나는 터 구렁이처럼 집을 벗어나지 못하고 변죽만 울리는가.

무엇을 그리 고뇌하며 산다고 고질 불면증을 달고 사는 이 사람에게, 불법 반출이라는 제주화산송이가 나에게 전해져왔다.

수면에 도움이 된다는 화산송이 덩이를 눈가림용 문주란 모종과 함께 싸여 나에게 보내온 것이다. 그 녀석들과 함께 딸려 온 제주 달팽이를 발견해 한편 놀라고 한편 또 그녀를 본 듯 얼마나 반가웠던가. 눈 뜨면 제주 달팽이와 마주하는 날이 길어지면서 녀석은 내게 한 편의 수필과 두 편의 동화를 안겨주었다. 더 중요한 것은 동화를 쓰도록 나를 바꿔놓은 것이다. 수필에서의 한계를 느끼던 내게 새로운 희망을 건넸는지도 모른다. 녀석을 만나지 않았던들 내가 동화를 쓸 생각이나 했을까? 물론 어릴 적 꿈은 수필가보다 소설가를 꿈꾸었다. 박경리 대작가님과 박완서님, 최명희 님, 태산 같은 여류작가님들의 대서사시를 만나면서 어느 순간 소설가의 꿈을 접은 나를 발견해야 했다.

수필만 쓰던 사람이 갑자기 장르를 바꿀 수는 없었다. 어른 독자를 상대로 글을 쓰던 글쟁이가 티 없이 맑은 아이를 대상으로 어떤 메시지를 담아야 할까. 모티브도 이야기 흐름도 보이지 않는 안개 속 같고, 깊이를 알 수 없는 호수 같아 복병이 따로 없었다. 그렇다고 달팽이와의 추억을 묻어 버리긴 또 아까웠다. 어쩌면 나 혼자만의 추억이 될지도 모르는 동화 쓰기가 해를 넘기며 어느덧 예쁜 조약돌 하나둘 주워 모으듯 다섯 편이 되었다. 나의 노트북 안에서 빛이 바래고 사장될 확률이 높지만 개의치 않는다. 내가 좋아서 내 감성에 떠밀려 만들어진 어른 동화일 가능성이 크다. 아이들 눈높이와 맞지 않거나 강렬한 메시지가 들어있지 않아 밋밋할지라도 생명을 부여받고 세상에 나아가기를 소망해본다.

제주 문우와의 해후는 채 48시간이 되지 못했다. 그나마도 꼬박 하루는 주위 관광에 시간을 빼앗겨 해묵은 이야기 나눌 시간이 턱없이 부족했다. 제주의 깊고 푸른 밤, 이름도 외우지 못한 와인으로 분위기를 띄우고 우도 땅콩막걸리로 약간의 서먹함마저 다 날려버렸다. 깊어가는 제주의 그 밤이 아쉬워 해변을 따라 밤길을 걸으며 속 깊은 이야기를 나누던 시간은 이제 또 다른 추억이 되어줄 것이다.

까만 밤, 일행들 모두 손가락 브이를 붙여 별을 만들고 해후의 흔적을 핸드폰에 담아본다. 조밀한 계획 없이 번개처럼 준비 없이 서둘러 온 길이지만 짭짤한 바닷물에 발도 담그고 꿈같은 제주여행의 자국을 남기기도 했다. 밤이 지나면 또다시 이별이 기다린다. 모두가 각기 일상으로 돌아갈 것이기에 가는 그 밤이 아쉬워 쉬이 잠들지 못하고 나를 뒤척이게 한다.

그녀를 만나기까지, 비행기 연착 10분을 더해 세 시간 오십 분이 걸렸다. 수시로 전화 통화를 하고 수다 메일을 보내도 한계가 있었다. 목마른 긴 기다림 끝에 만남은 또 다른 감정이 분출된 분화구와 같았다. 이제 한동안은 그녀 목소리가 귀에 쟁쟁하고 눈에 밟히겠지만 그리움은 어느 정도 해갈되었다. 제주의 그녀와 짙푸른 그녀의 바다와 또 다음 만남을 위해 나는 또 긴 시간을 흘려보낼 것이다.

낯선 환경에서 자리 잡기까지 그녀라고 왜 힘든 일이 없었을까. 말 못 할 외로운 순간도 많았으리라. 태생이 소심하고 소극적인 나에게 항상 용기를 불어넣고 응원을 보내던 그녀를 만나고 온 시간, 그녀에게도 또 나에게도 작은 위안이 되었기를 바라는 마음이다.

아르모니아호의 밤

밤은 낮보다 화려하다. 중형급의 크루즈 아르모니아호의 밤도 그랬다. 발코니가 딸린 우리 숙소는 스위트룸은 아니라도 그중 고급이었나 보다. 숙소는 10층이었고 수영장이 있는 11층에서는 낮 동안 여러 프로그램이 진행 중이어서 귀가 심심치 않았다. 시니어를 위한 체조를 가르치거나 음악에 맞춰 율동을 하거나 주니어를 위한 프로그램도 있었다. 참 신기한 것은 아무 일을 하지 않아도 시간은 가고 허기를 느껴 식당가 11층으로 발길을 옮긴다. 수영장을 지나쳐 식당가에 가다 보면 해가 있거나, 구름이 끼거나 가는 빗발이 쳐도 자연 태닝을 하려는 수영복 차림을 많이 볼 수 있었다.

하루 이틀 지나니 크루즈만의 흐름이 익숙해졌다. 4층까지는 크루즈의 균형을 맞추는 평형수가 있거나 거대 선박에 필요한 기계실이 있는 듯했고 5~6층에 걸쳐 극장이 있어 매일 밤 8시와

10시 극장의 쇼가 볼만했다. 크루즈는 가히 밤이 아름다운 곳이 분명했다. 가이드가 가장 중점적으로 홍보를 해서인지 첫날 고단한 지경에도 밤 10시 극장에 쇼를 보러 갔다. 집 떠나온 지 나흘째, 이탈리아 남부를 돌아보고 크루즈에 승선한 참이라 몸은 고됐고 일곱 시간의 시차를 극복하지 못해 힘들었지만, 극장 쇼 매력에 빠지는 것에는 무리가 없었다. 단지 아쉬웠던 것은 진행자의 기지 넘치는 멘트를 다 알아들을 수 없어 웃음 포인트를 놓쳐 부끄럽고 아쉬웠다. 거기다 영어 이태리어 불어 포르투갈계와 에스파냐인을 위한 멘트까지 이어졌지만, 한국어 인사말은 끝내 들리지 않았다.

아마 중국어 일어가 나왔다면 더 많이 서운했겠지만 그나마 작은 아쉬움을 삼킬 수 있었다. 이용객들은 많지 않아 보였지만 규모가 크지 않은 카지노가 있었고, 술과 음악이 흐르는 바도 여러 곳 있었다. 피아노가 있는 바에는 몸집이 커다란 연주자가 피아노 연주를 하고 있어 연주자도 듣는 이들도 여유롭게 보였다. 한국과 지중해 공해상에서의 시차를 느끼는 건 언제나 밤늦은 시간이다. 이미 깊은 잠에 빠져들었을 내 나라 한국 시각을 의식 안 하려고 해도 오후 대여섯 시(한국 밤 12~1시)만 지나면 하품이 끊이지 않았다. 극장 쇼에서는 노래하고 춤을 추고, 아크로바틱 같은 아슬아슬하고 박진감 넘치는 댄스에 놀라 관객들의 휘파람과 박수가 터져 나왔다. 대략 11~12명이 순차적으로 돌아가면서 소화하는 것으로 보이는데 대단한 실력자들이었다.

7층은 메디컬 층이니 가 볼 일이 없었지만, 하선 전날 중환자가 생겨 공해상에서 응급 구조선을 기다렸다는 뒷이야기는 간담이 서늘했다. 우리 일행들에게 그런 응급상황이 생기지 않은 것에 감사했다. 그 환자는 어찌 됐을까? 걱정과 궁금증이 일었지만, 산타 루치아의 노랫말처럼 아르모니아호는 살같이 지중해를 지나고 있었다. 승객 선실이 있는 다른 층에 비해 5층 6층에는 주로 즐길 거리가 대부분이다. 명품 가방이나 전 층을 향기로 휘감은 향수며 선글라스, 시계, 옷 매장도 있었다. 하선 전전날에 이 매장들은 대폭 DC가 이뤄져 쇼핑객들의 발길을 붙잡았다. 또 6층 끝에는 11층 식당가와 달리 정찬 식당이 있었는데 이 식당에서는 정장 차림이 기본이란다. 메뉴도 11층 식당과 다르게 원하는 음식을 주문해서 즐길 수가 있었다.

고급 카메라를 멘 직원이 정장한 승선객의 순간순간을 담는다. 다음 날 저녁이면 그 사진들이 갤러리에 걸리고 사진 주인들의 선택받기를 기다린다. 마음에 들면 사진을 찾고 아니면 멀쩡한 사진들이 모두 사장되는 구조였다. 하선을 하루 앞둔 날에는 캡틴이 나와 사진을 같이 찍어주는 이벤트로 추억을 만들어 주는데 사진 가격이 만만찮아 망설이게 했다. 이런 기회가 평생에 또 있을까 싶어 캡틴과 찍은 사진 외 두세 장을 더 찾았다. 중요 물품을 보관하는 객실 내 개인금고며 다음날의 특별한 일정이 담긴 미니 소식지가 매일 날아들던 일도 기억에 남는다. 또 크루즈에서의 룸키는 나의 정보가 그대로 들어있는 것이라 늘 신경이 쓰였다. 배 안에서의 모든 시설은 무료 이용이었지만 특별한 거래는 룸키로 계산하고, 하선 전 일에 일괄 계산하는 편리한 방식이었다.

크루즈의 모든 곳이 궁금해 찾아갔던 헬스장에서 복장 불량(운동화 미착용)으로 정중히 밀어내던 일도 꿈결 같고, 6층 한 코너에서 댄스를 가르쳐 주는 스테이지도 생각난다. 서넛의 연주자와 금발이 아름다운 젊은 싱어가 생음악으로 올드 팝을 들려주기도 한다. 여기서는 싱어와 연주자들이 쉬어가는 하프타임에 댄스교습이 시작된다. 댄스교습에 참여하는 이들도 구경하는 이들도 신이 났다. 일행 중 흥이 많은 사촌 언니는 스테이지에서 함께 어울려 댄스교습에 참여했다. 한 동작 한 동작 구령을 붙여가며 흥미를 유발하는데 마음과는 달리 용기를 내는 건 쉽지 않다. 유독 큰 키에 마도로스 분장을 한 직원이 다가와 함께 참여해 볼 것을 권하지만 모두 도리질이요 손사래를 친다. 권유를 받아들이지 못해 민망해하는 차에 나란히 붙어 앉은 동양인들이 궁금했는지 그가 묻는다.

'where are you from?' 평소 짧은 영어 실력에 어찌 그 말은 알아들었는지 재빨리 'from korea'라고 답하자 우리말로 '오! 안녕하세요!'라며 한 사람 한 사람에게 손을 내밀며 다정히 인사해주니 얼마나 반갑고 고맙던지, 전일 극장에서 한국말 인사를 듣지 못해 서운했던 일이 일시에 상쇄되는 느낌이었다. 겨우 아침저녁 이탈리아 인사말만 익히고 갔던 여행, 기항지마다 작은 추억들을 남겨주었던 크루즈에서 매끄럽지 않은 영어와 보디랭귀지를 섞어 소통하던 일이 초라하게 남아있다. 룸키를 두고 나와 혼비백산 직원을 찾아 설명하던 일이며, 입에 맞지 않는 음식으로 겨우 요기만 하거나 감자튀김만 접시 가득 담아 허기를 달래던 일들도 지나고 보니 모두 대중적이지 못한 내 입맛 탓을 할 수밖에 더 있나.

여행을 나서기 전, 꽃망울이 하나둘 터지기 시작했던 내 집 호접란이 두 주일간의 여행을 마치고 돌아오니 꽃망울을 다 터트리고 나를 반긴다. 벨기에 동화 '파랑새'의 파랑새처럼 작은 행복이 나를 기다리고 있었다. 또 하나의 멋진 추억이 되어주길 바라며 떠난 여행, 막상 집에 돌아오니 천국이 거기에 있었다. 식사 시간이면 허기를 달래주고 이런저런 행사로 승객의 기분을 맞춰주는 최고급 크루즈라지만, 내 집에 돌아와 정수기 물 한 컵 받아 마시니 그 물맛이 세상에 없는 꿀맛이요 세상 부러울 것 없이 행복해진다. 나는 천생 갈데없는 촌사람인가 보다.

청설모가 있는 풍경

만산홍엽이 한창이던 어느 해 가을, 농부의 아내는 모처럼 시간 가는 줄 모르고 근처 풍경에 취했다. 낯선 인기척이 궁금해서 키우는 '방울이'에게 먹이를 주고, 석양이 내뿜는 독특한 흑백 풍경에 취하다가 돌아선 순간 '뎅!' 하는 종소리와 함께 나는 얼굴을 감싸 안고 말았다. 눈앞에 별이 번쩍하고 고통으로 일그러졌다.

분명 맑은 종소리가 나기는 했는데 고통은 온전한 내 몫이다. 머리 어디쯤인지 가늠을 못 해 얼굴을 감싸 쥐었지만 당장 아픔보다 순간적으로 드는 망령된 생각 '아 낼, 멍들면 어쩌지?'였다. 밤을 지나고 날이 밝으면 맞닥트릴 동네 사람들 시선을 상상하니, 찰나에도 오만 상념이 뻗어 나간다. 너무나 익숙한 내 집, 눈 감고도 자신했던 앞마당에서 이 무슨 말도 안 되는 횡액인가. 나는 그저 매일 바라보던 풍경에 잠시 취했을 뿐이고, '얼음 땡' 하듯 정신을 차려 현관 쪽으로 몸을 돌리던 순간이었다. 처마에 덧

댄 긴 차양을 받치고 선 둥근 기둥에 머리를 세게 들이받은 건 그래서 더 억울했다. '쯧쯧쯧 뒤뚱 맞기는, 그래서야 기둥이 부서지겠니?' 자랄 때 많이 듣던 어머니 나무람이 귓전에 맴돈다.

더듬더듬 만져보니 왼쪽 눈꼬리가 만질 수 없이 아프다. 정신을 차리고 가만가만 만져보니 부기는커녕 아무렇지 않고 멀쩡하다. 어찌 됐든 나중에 멍이라도 들게 될까 하여 남편에게 고백해야 했다.

"밖에서 나는 종소리 못 들었어요?"

"웬 종소리는?"

"나 방울이 밥 주고 한 눈 팔다가 기둥에 세게 부딪쳤는데 정말 종소리 안 났어요?"

가렸던 손을 떼고 남편 앞에 얼굴을 들이댔다. 아무렇지도 않다는 남편 말에 거울 앞에서 확인을 해보니 정말 그랬다. 견디기 힘든 고통인데 붓기도 멍들 기미도 없다. 타박상 연고를 바르는데 눈물이 날 지경이다. 멍은 둘째고 뼈에 금이라도 갈까 봐 우려되었지만 통증 말고는 말짱하니 인간의 두개골이 얼마나 단단한지 새삼 놀라고 감탄할 지경이다.

치악산 까치의 보은도 아니면서 난데없는 종소리를 유발한 그 날의 원죄는 해넘이를 하며 안겨주던 매력적인 흑백 풍경이었다. 멀리 건너다보이는 아파트 건너편, 개울 길을 따라 줄지어 선 나무 풍경이 종종 나를 설레게 했다. 어릿어릿 성장이 늦된 코흘리개가 학교라는 첫 사회 속에 들어가 처음 접하던 미술 시간에 그리던 키 큰 미루나무, 서툰 솜씨지만 나무둥치를 곧게 그려 고동색으로 색칠하고 초록과 연두색으로 타원형의 늘씬한 미루나무가 그려지면 내심 뿌듯하고 흡족했었다. 나는 운 좋게도 그 정겨운 그림을 매일 바라보는 곳을 가지고 있었다. 늘씬한 미루나무 곁에는 오리나무인지 수종을 알 수 없는 나지막한 나무가 있어 영락없이 우리 부부 같아 마음을 더 주었을 것이다.

밤이 지나고서도 멍도 부종도 없는 눈두덩이 고마웠다. 아침 햇살을 받은 다음 날 아침 풍경이 새삼 또 눈이 부시다. 태어나 이제껏 자연 품 안에서만 살아왔다. 세련된 도심 멋쟁이 친구들을 만나도 나는 내가 가진 풍경을 너무나 사랑했다. 내 아이들이 마음껏 뛰놀 수 있는 곳, 그 농가 주택 주변으로 한 집 두 집 이웃이 생겨나고 도심에서 비껴온 창고형 공장과 상가들이 들어서도 별로 거부감이 없었다. 어쩌면 느리게 찾아오는 변화가 싫지 않았는지도 모른다. 토박이들이 사는 안동네는 우리 집 앞을 지나야 큰길을 거처 시내를 나간다. 차량의 소통이 점점 빈번해지면서 차로가 넓어지고 발전이 점점 속도를 냈다. 어머니의 가르마 같은 논둑길을 걸으면 '개골개골 와글와글' 요란하던 녀석들이 인기척에 놀라 '퐁당퐁당' 논배미로 뛰어들던 그 정겨운 풍경을 잃게 될까 봐 겁이 나기 시작했다.

옛 선인들의 주거형태는 배산임수였지만, 현대는 도로를 중심으로 마을이 형성되기도 한다. 그 도로 곁에 동그마니 선 내 집 주위로 농지가 점점 줄어들고 변화해도 냄비 속 개구리처럼 위기를 감지하지 못했다. 태어나 줄곧 자연 품에서만 살아왔고, 내 아이들에게도 이 환경이 최선일 거로 믿었다. 아주 가끔은 애들에게 어미 말고 다른 친구가 필요한 건 아닐까 생각했지만 진종일 맘껏 뛰어놀다가 들어와 욕실에서 한바탕 첨벙거리고 나면 밥투정도 없이 포만감을 안고 편한 잠이 들었다. 그런 매일의 풍경 속에서 탄성을 자아낸 또 하나의 가을 풍경, 내 집 앞 길가 잣나무를 날 듯이 뛰어오르는 놈이 있다. 놈은 몸 전체가 검고 반짝이는 두 눈을 가진 청설모가 분명했다. 녀석은 제 살던 뒷산을 벗어나 위험천만한 찻길을 달려서 내 집 앞 잣나무까지 어찌 알고 찾아왔을까.

청설모가 사는 뒷산으로부터 내 집 잣나무까지 필경 1킬로는 넘으리라. 정작 나는 그 침엽수가 소나무인지 잣나무인지도 모르지 않았나. 달랑 몇 송이 잣이 내뿜는 잣 향이 얼마나 진했던 걸까 혀를 내두를 지경이다. 녀석이 오는 동안 달리는 차량으로 위해는 없었을까 되돌아가는 길 안전하게 잘 갔을까. 청설모의 일탈이 가져다준 그날의 잔상은 그래서 오래 각인되었다. 탁 트인 벌판에 오뚝하니 집 한 채, 발전이라는 변화에도 변함이 없던 그 풍경이 그냥 좋았다. 잘생긴 미루나무 곁에 나지막한 나무는 우리 두 부부 같아 좋았고 한여름 밤 개구리울음도 꽤 좋았다. 농부의 자식이었던 시골 여인네는 그 풍경 속에서 쉰 해가 넘도록 살았으니, 좋은 풍광을 품고 산 지난 시간이 내 삶의 덤 같았고 가장 행복했던 시간이었다.

눈부신 오월이 다 가지 않은 지난봄, 지역 문우가 '여름이 오고 있으니 이젠 봄을 보내줘야겠죠?' 때 이른 카톡 문자에 '아직 개구리울음을 듣지 못했으니 나의 봄은 ing입니다.' 답을 하고 보니 자연 품에서 살아가는 문우에게는 이미 개구리울음이 흐드러졌던가 보다. 잠 못 드는 여름밤 창문에 열없이 붙어 서서 밤새 개구리 합창을 듣던 그 시골 아낙은 야금야금 변해가던 시절의 목가적 풍경이 그리워 오늘도 헤어날 줄 모른다.

정읍사, 그 여인을 꿈꾸다

우리에게 조금은 낯선 고대가요 '정읍사'가 있다. 백제 여인의 일상이 담긴 고대가요는 입에 잘 붙지 않는 단어들이 낯설게 느껴졌지만 정겨운 그림이 그려지는 풍경이다. 행상 나간 남편의 귀가를 기다리는 다정한 부부가 그려져 있기 때문이리라. 이즘 들어 급속도로 데면데면해진 우리 내외가 떠오른 것도 사실이고 자연 친화적인 지난 시절이 그리운 것도 사실이었으니까.

계절마다 내게 즐거움을 안겨주던 곳이 '충목단'이란 작은 마을이다. 결혼하고 삼십 년이 넘도록 정들이고 살아온 곳이다. 봄이면 무논에서 밤새 개구리가 우렁차게 울어대는 봄밤이 너무나 좋았고, 그 봄날을 다 보내도 무더운 한여름 밤을 청량하게 흔들어대던 와룡군단의 대합창에 잠을 설쳐도 좋았다. 고사리손으로 흙장난하던 내 아이들이 성장해 서른을 훌쩍 넘긴 성인이 되었다. 마땅히 비례하여 나는 갱년기 증상을 앓는 중년 여인이 되었다. 거기다 갑자기 진행된 도로 수용으로 내가 살던 곳을 두고 떠나와 상업지역에 살게 된 것이 나를 서글프게 했다. 가장 바삐 새봄을 맞는 농부가 되어 상추 모종, 고추 모종, 그 좋아하는 옥수수도 고구마도 심고 싶지만 현실은 땅 한 뙈기 없는 신세가 되었다. 그때부터 나는 나를 잃어버리고 허깨비가 된 느낌이었다.

거창하게 도가적 삶을 살고자 한 건 아니다. 적당히 몸에 밴 문명을 즐기며 내가 나고 자란 대자연 속에 살고자 소망했지만 그런 기회를 앗아간 또 다른 문명의 이기를 받아들여야만 했다. 바람에 바삭거리는 나뭇잎들의 속삭임이 그립고, 채마 밭에 앉아 좋은 땀을 흘려보고도 싶다. 보드라운 흙을 맨발로 밟고 이랑 이랑을 오가고 싶지만 이젠 허락되지 않는 꿈이다. 삭막하기만 한 이 삶이 내게 주어진 삶이라면 감내해야 하지만, 간혹 도가적 삶이 그립고 안타까운 건 숨길 수 없다. 밤새 울어대던 개구리 소리가 좋아 창문에 열없이 붙어 서 있던 지난날도, 먼 데서 소나기를 예견하는 흙냄새가 훅 끼쳐도 좋았다. 불현듯 어머니의 흰 가르마 같은 논두렁을 걸어보고 싶은 이 강한 충동을 어이하랴.

무료하던 어느 날 책장을 돌아보다 방송대 시절 교재들이 눈에 들어왔다. 방송대 교재에서 정읍사를 처음 만났을 때, 어긔야 어강됴리 / 아으 다롱디리 / 입에 붙지 않는 시어들이 낯설고 겉돌았다. 그러나 동시대는 아니어도 같은 여인의 마음이 내게도 전해졌다. 행상 나간 남편이 달이 뜨도록 돌아오지 않자 시가를 부르며 남편을 기다리던 여인, 머리 위에 뿌려지는 달빛을 받으며 돌아오기를 기다렸다던 아낙의 간절함이 보이는 듯했기 때문이다. 정읍사의 다른 해석본에서는 '즌 데랄 드대욜세라'라는 문장은 진 땅을 가리키는 말이기도 하지만 '사창가'를 뜻한다는 해석본이 있다니, 사랑하는 지아비가 온갖 유혹에 빠질세라 무사귀가하기만을 바라는 백제 아낙의 간절함이 엿보인다. 21세기 여인들과도 묘한 동질감이 생기는 건 대문 밖은 온통 유혹이 난무하는 세상 아닌가.

그 소박하고 정겨운 옛 부부를 떠올리며 나도 그 삶을 살아보고도 싶어진다. 존경해마지않는 대작가 박경리 선생님은 유고집에서 '다시 태어나면 일 잘하는 사내를 만나 깊고 깊은 산골에서 농사짓고 살고 싶다.'라고 말씀하셨다. 아, 선생님께서도 건강한 사내에게 기대어 살고 싶으셨구나. 시구를 음미하며 왈칵 더운 눈물을 쏟았던 기억이다. 일찍이 홀로 가장이 되시어 가족을 이끌어온 긴 세월을 어찌 다 말로 하랴. 늑대도 하이에나도 까치독사도 도사리고 있었을 대문 밖, 선생님께 원고지와 펜, 책상이 없었다면 그 삶이 얼마나 무료하고 척박했으리오. 밤이면 글 농사짓고, 낮이면 이랑 이랑을 오가며 고추 심고 상추 심고 농사짓던 선생님의 노년기를 유고집에서 만나고 나는 왜 그리 눈물을 쏟았던 걸까. 시대를 불문하고 여인의 삶은 왠지 서글픔을 불러온다.

이 시대에 가부장제는 진즉 사라졌다. 이제야말로 순종적이고 연약한 여성성을 요구하지 않는 세대인 것이다. 그러나 가정의 평화와 서로의 인격을 위해서는 서로의 고집을 내세우는 사람은 되지 말아야 하겠다. 가정과 사랑하는 가족을 위해 애쓰는 남편을 기다리며 보글보글 된장찌개 끓여놓고 동구 밖을 내다보며 가슴 설레어도 보고 싶다. 남편과 마흔 해 가까운 긴 세월을 살다 보니 지나간 추억 모두 무디게만 느껴진다. 빠르게 변화하는 현실에 한 단면일지도 모른다. 마음만 맞으면 풋고추에 고추장만 있어도 소박한 행복이 묻어날 것만 같은데 현실은 그렇지 못하다. 이제야말로 진정한 행복을 알 나이지만 자연 친화적인 삶을 기대하기는 어렵다. 그렇다면 전생에 나는 저 먼 백제 여인처럼 남편 돌아오기를 기다리든 애틋함이 있었을까? 까닭 모를 그리움이 목까지 차오른다.

어느 유혹에 빠질세라 높은 산에 올라 달빛을 받은 남편의 모습이 하마 보이기를 간절하게 기다렸을 백제 여인이 그립다. 밤이 깊어도 오지 않는 남편을 기다리며 시가를 읊조리던 백제 그 여인처럼 저녁밥 지어 조각보 덮어두고 남편 마중 나가는 정겨운 아내고 싶다. 나뭇짐 지고 들어서는 남편의 땀을 닦아주는 다정한 아내도 되고 싶고, 채마 밭에 나가 열무 솎고 얼갈이 솎아 정성으로 버무려 김치 만들고 상추쌈 싸서 볼이 미어지게 넣어주는 임의로운 아내고 싶다. 백제 여인의 소박한 삶이 부러워 세월을 거슬러 올라가 본 시간, 현실에 안주하지 못하고 서성이는 나는 누구인가. 정읍사, 백제 그 여인이 부럽다.

4부

아버지와 제비

쭉정이의 어린 날

대자연이 살아 숨 쉬는 경이로운 계절 봄이다. 황금빛 봄 햇살이 잠자던 겨울을 깨우면 온 대지는 생기를 머금고 생명을 불어넣는다. 매년 겨울 몸살을 앓던 병약한 어머니도 비로소 깨어나 눈부시고 위대한 봄을 맞는다. 그렇다고 겨울이 무의미한 계절은 아닐 것이다. 지친 농부에게 주어진 휴가이며, 봄여름 가으내 알곡을 키워낸 대지에도 땅심을 높이는 귀한 시간이다. 봄 농사의 첫 시작은 못자리다. 싹 낼 볍씨를 물에 담그면 쭉정이는 모두 물에 뜬다. 단단한 알곡은 두고 물에 뜬 볍씨는 건져내어 두엄 밭에 흩뿌려진다. 탈곡할 때 바람에 날리는 빈 탕 말고, 알맹이가 반도 안 차 도정할 때 깨어져 싸라기가 되는 놈이 이른바 쭉정이다.

두엄 밭에 버려진 성난 녀석들은 봄볕을 받아 일시에 새싹을 밀어 올린다. 부지깽이도 싹이 난다는 멋진 계절이 아닌가. 전쟁으로 홀몸이 되신 두 분이 만나 사 남매를 낳으셨다. 앞선 가정에서 아들만 낳아본 어머니는 첫 딸을 낳고 무척이나 기쁘셨다는데 아버지 반응은 '평생 도둑이라는데 또 딸이야?'였단다. 아버지께는 아들 하나와 두 분의 따님이 있으셨고 두 딸 모두 출가한 상태였다. 삼 년 뒤 아버지가 바라시던 아들이 태어났다. 노래는 둘째가라면 서러운 실력이었고 공부도 뒤지지 않았다. 그리고 아버지의 쉰둥이인 내가 태어났다. 하도 작고 못난 쭉정이 같은 그 아이는 쉰 넘은 부친과 마흔 넘은 어머니, 나는 소위 말하는 노인자제로 그렇게 세상에 났다. 머리숱은 아주 적었고 볼록한 뒷박이마에 훌러덩 벗어진 머리 때문에 '붉은 언덕'이라 놀림을 당하던 여자아이는 아주 볼품이 없었다.

건넌방에는 아버지보다 피난을 늦게 나오신 당숙께서 청년이 되어가는 두 아드님과 사셨다. 누이동생이 있었지만, 아직 집안 살림을 건사할 나이는 되지 않았던가 보다. 먼저 사시던 삼팔선 근교 큰어머니께 두고 온 형편이라 그 누이 대하듯, 볼품없는 나를 퍽 귀히 여겨 주셨다. 그러다 한 번씩 '오늘 나뭇짐 지고 붉은 언덕 내려오다가 힘들어서 혼났네.'라는 식으로 작은 오빠가 나를 놀려대었다. 워낙 악의 없는 놀림인 줄 알기에 한 번도 서운한 적이 없었다. 이 오빠는 후에 청년이 되면서 말문을 닫았다. 확실한 이유는 모르지만, 병중이던 당숙께서 돌아가시고, '불도저 기사'가 되어 대처로 나가 사회생활하던 큰오빠가 입대한 뒤였다. 전시상황이 아닌데도 동네를 돌며 인사하는 오라버니를 붙잡고 우는 이들이 많았단다. 딱한 집안 사정을 다 아시니 그러지 않았을까.

당숙 댁의 삼 남매 이야기는 너무 많아 따로 떼어내야 할 것 같다. 겨우겨우 어찌어찌 아버지의 쉰둥이인 나는 그럭저럭 자라났다. 까불까불하거나 팔랑팔랑 놀러 다닐 위인도 못되어 외톨이가 따로 없었다. 한학을 하신 선친께서는 빠르게 변해가는 시류에 편승하지 못한 가난한 선비셨다. 집안은 늘 위엄이 흐르고 밥상머리 교육이 일상이었다. '어른 앞으로 지나가지 마라, 누워 있는 사람 타 넘지 마라,' 등의 소소한 가르침부터 평소의 언행에도 격 떨어지는 언행을 썼다간 불호령이 떨어졌다. 이 가르침은 성인이 되어서도 말의 품격을 달리 봐주시는 분들이 있어 새삼 부모님 가르침에 감사드린다. 지금 한둘만 낳아 귀하기만 하고 나무람도, 제지도 못 하는 현실이고 보면 특별한 환경이긴 했나 보다.

학교생활 역시나 두드러지지 못했다. 공부는 중상이 될까 말까 중간에서 맴돌았고 너무나 소극적인 성격 탓에 좋아하는 국어 시간에 벌떡 일어나 범위를 찾아 읽어 내려가는 그 과정을 한 번도 하지 못했다. 동네 친구들이나 비슷한 성격의 몇몇 친구들 외에 내 존재를 알기나 할까 싶을 만큼 나는 늘 있는 듯 없는 듯 존재감 없는 그림자 같은 아이였다. 다만 나를 표현하는 것이 유일하게 음악 시간과 작문 시간이었다. 노래를 시키면 없던 숫기가 어디서 솟아나는지 동요는 물론, 몇몇 가곡도 어른들의 가요도 쉽게 따라 불렀다. 그중 신기한 게 작문 시간이다. 주전부리처럼 오라버니나 언니들 책을 주워 읽거나 이웃에서 건너온 동화를 읽다 보니 문장력이 절로 생겼나 보다. 어찌어찌 꿰맞춘 졸작을 선생님이 급우들에게 읽어주는 날이면 부끄러워 쥐구멍을 찾곤 했었다.

1970년대 초까지 우리 집 툇마루에는 아침마다 뽀얗게 닦은 부모님 고무신이 나란히 엎어져 있었다. 달덩이 같은 언니의 시집가기 전 일과였다. 비가 잦은 여름에는 집에서 가까운 도랑에 나가 작은 옷가지들을 빨았다. 1970년대 후반 지하수를 본격적으로 끌어올려 농사를 짓기 전까지 그랬다. 비가 잦은 봄부터 초가을까지 빨랫방망이 소리가 들리던 작은 도랑에서는 식구들의 가벼운 옷가지나 부모님 고무신, 운동화, 집 안 청소를 마친 걸레도 빨고 남포 그을음을 닦던 곳이다. 고무신을 닦는 데는 짚수세미를 썼다. 짚 한 움큼을 빨래 돌에 비벼 부드럽게 만들어 쓰는데, 이 짚수세미는 쓸수록 부드러워진다. 가끔은 양은 냄비나 솥을 도랑까지 들고 가 반짝반짝 윤이 나게 문질러댔다. 어쩌면 '누구네 처자가 살림이 참 맵더라.' 하던 소문은 빨래터에서 시작된 말일지도 모른다.

도랑에서 건너다보이는 작고 예쁜 초가에는 젊은 부부와 어린 두 아들이 살았다. 정물화처럼 행복해 보여야 할 그림이 안타깝게 기억되는 건 폐병으로 피골이 상접한 쭉정이 같은 남편 모습이다. 경동시장으로 장사를 다니던 아내는 어린 두 아들에게 남편 병에 대해 얼마나 주지시킨 걸까. 한창 친구가 좋을 나이에 그 둘은 아버지와 종일 집에서 보냈는데, 티끌 하나 없는 봉당을 서성이거나 볕에 앉아 해바라기를 했다. 비둘기같이 다정한 네 식구가 아슬아슬 슬프게 보였던 것은 가까스로 부여잡은 생명의 끈이 위태롭게 보였기 때문이다. 어느 해인가 수수깡 인형 같은 모습으로 버텨오던 육신이 끝내 영면에 들었다. 얼마나 지났을까, 슬픔의 고요를 깨고 낯선 무녀들이 들락거리고 꽃도 접고 음식도 하고 연이틀 망인을 달랜다는 의식이 요란하더니 그리 오래지 않아 남은 세 식구는 몽땅 동네를 떠나갔다.

여름철 도랑의 추억도 늘어가는 지하수 개발로 점차 사위어갔다. 한 송이 꽃 같던 우리 언니도 결혼해 우리 곁을 떠났다. 다소 침체된 집안에 연로하신 부모님과 사 남매만이 남았다. 그중 큰 오라버니는 탤런트 못지않은 인물에 안타깝게 소아마비를 앓아 장애를 가졌다. 내가 여덟 살 되던 해 내 이름 석 자 꾹꾹 눌러 가르쳐 주던 그 오라비는 서른셋 아까운 나이로 요절해 부모님 가슴에 대못을 박았다. 사진 몇 장으로 남은 오라비와의 슬픈 추억, 근력이 좋지 않은 아버지는 그때 이후 급격하게 기운을 잃어 가셨다. 당시, 연세도 있으시고 며느리 보는 게 평생소원이었던 선친은 고등학생이던 내 위 오라비를 잔뜩 긴장시켰다. 세태가 변한 줄 어찌 모르실까만, 당신 건강을 자신할 수 없으니 초조하셨을 것이다.

운명은 늘 장난 같다. 마음 놓고 결혼 이야기를 해도 될, 그 아들의 제대 날짜를 한 달 남겨두고 아버지는 그만 우리와 영이별을 고하셨다. 하늘이 무너진다는 것이 이런 것이었나, 동생은 열아홉, 나는 겨우 스물셋 철부지였다. 살다 보니 우리의 삶은 늘 그런 아이러니의 연속이었다. 가장을 잃고도 살아지는 것이 때때로 나를 더 슬프게 했다. 빈소를 모신 상청을 1년 동안 모셨다. 가족 중에 집을 떠난 사람이 있으면 어디서든 굶지 말라고 부뚜막에 밥을 떠 놓는 관습대로 오라비 군 생활 36개월, 아버지 상청 1년까지 그 일을 해왔다.

짝을 만나다

세월은 쭉정이도 나이를 먹게 한다. 사회 경험도 연애 경험도 없으니 결혼제도가 무서웠다. 나이는 차는데 연애할 재주도 없었고 할 주변도 되지 못해 처녀 나이 금값, 은값 다 지난 스물다섯부터 맞선이라고 서너 번 보았다. 평생을 같이 살 사람을 어떻게 시장에서 물건 고르듯 맞선으로 결정지을 수 있을까. 물론 딱 한 번 보고 결정하던 시절은 아니지만 일단 첫 만남에 애프터가 성사되어야 두 번 세 번 만남을 이어갈 수 있다. 그 애프터 결정이 평생을 좌우할 테니 내겐 큰 모험이 아닐 수 없었다.

나보다 세 살 많은 남자라고 듣고 맞선 자리에 나갔다. 의정부 터미널 근처 그 이름도 소박한 '흙'다방은 이제 흔적도 없이 사라졌다. 그만큼 세월이 흐른 탓이리라. 중매인의 말과는 달리 동갑내기였다. 경북 남자라지만 지역에 대한 거부감은 없었다. 이미 경북 출신 새 가족을 맞아 본 뒤라서 거부감은 없었지만, 선택은 쉽지 않았다. 맞선과 한두 번의 애프터로 평생 같이할 사람을 정한다는 것은 크나큰 모험이 아닐 수 없다. '이 남자가 내 남자다.'라는 믿음보다 미래를 예측할 수 없는 불안감이 컸던 나는 어머니에게 어디 가서 궁합을 봐달라고 했다. 지나가듯 한 말인데 어머니도 걱정이 되었는지 주말 약속에 나가는 딸을 따라나섰다. 지역의 작은 다방에 셋이 마주 앉았는데 차는 드시는 둥 마는 둥 '둘이 만나면 잘 다툰다니 이쯤에서 그만 만나는 게…….' 예상치 못한 어머니 말씀에 그도 나도 놀라긴 마찬가지다. 남자는 이야기를 듣는 둥 마는 둥 어떻게든 수습을 해보려고 애쓰던 모습이 떠오른다.

서로 길게 있을 상황이 아니라고 생각되어 일어섰다. 밖으로 나온 모녀가 남자를 피해 골목길로 들어서는데 남자도 우리를 안 마주치려고 택했는지 하필 헤어진 지 십 분도 지나지 않아 다시 골목길에서 마주쳤다. 화들짝 놀란 모녀에게 어디 가서 저녁 식사를 하자고 건네는데 그럴 수가 없었다. 집에 돌아온 어머니는 딸을 앉혀두고 '고집이 좀 셀 거라고 하는구나, 잘 다툴 거라고 하고…….' 그러다 골목에서 마주친 청년 얼굴이 떠올랐는지 이내 '모르겠다, 너 알아서 하렴.' 어머니가 한발 물러섰다. 그 밤이 지나니 또 다른 문제의 아침이다. 출근 준비를 하는데 중신아비인 아주머니가 식전부터 찾아와 언성을 높였다. 왜 당사자도 아닌 어머니가 반대하냐는 트집이다. 어머니야 딸의 요구대로 궁합을 보았을 뿐인데 공연히 곤혹스러운 일을 당하는 것 같아 죄송했지만 모른 척 출근을 했다. 그 자리를 빠져나올 수 있어 다행이라 여겼을 것이다.

핸드폰이나 삐삐가 나오기 훨씬 전이어서 헤어질 때는 다음번 만날 약속을 정했어야 했다. 소도시에서 둘이 만나면 딱히 갈 곳도 없다. 극장이라도 가려면 버스를 타고 움직여야 하니 그날따라 저녁만 먹고 나란히 집으로 돌아오던 길이다. 우리 집을 궁금해할 것이라는 걸 모르지 않지만 장난기가 발동했다. 우리 동네를 벗어나 남자가 사는 동네로 꺾어질 때, 집은 이미 지나쳤으니 잘 가라고 돌아섰다. 남자가 놀라 내 손을 덥석 잡는데 나는 더 놀라 들고 있던 노트를 떨어트렸다. 겉멋이 들었는지 핸드백 대신 들고 갔던 노트를 수습한다고 엎드려 집어 드는 순간 냅다 뛰기 시작했다. 그래도 잘 가라고 소리친 것 같은데 기억이 맞는지 모르겠다. 남자는 나보다 더 순진했던지 '아까 손잡은 거 미안해요.' 메아리처럼 쿵쾅거리는 내 심장에 와 박힌다. 배려심이 많을 거라는 믿음이 갔다. 살아보니 그는 그냥 전형적인 경북 남자일 뿐이었다.

마루 끝에 앉아 어머니와 도란도란 이야기 중이었다. 이십육 년을 살면서 대문 두드리는 소리를 처음 들었다. 소리만으로 이미 누구일 거라 감지했고 다시 심장이 뛰었다. 초저녁이어서 빗장을 걸진 않았으니…… 이내 대문이 지그시 열리고 헤어진 남자가 불쑥 안으로 들어섰다. 방금 헤어진 남자가 난데없이 집까지 찾아왔으니 어머니도 나도 놀라긴 매한가지다. 어머니께 큰

절을 했었는지 차 대접을 했었는지도 기억이 가물가물하다. 다시 스웨터를 걸치고 그를 배웅할 때 갑작스러운 방문을 이해했다. 다음에 만날 약속을 정하지 못하고 헤어졌으니 오죽이나 답답했으리오. 대문이 없는 다른 집을 찾아 들어가 집을 알아냈다는 용기에 놀랐다. 삼십 년을 훌쩍 넘는 세월을 살며 그때만큼 열정을 보여주면 좋으련만, 현실은 그냥 나이 들어가는 중년 남자가 있을 뿐이다.

자연스럽게 결혼을 결심하고 나서다. 그때까지 엄마 외엔 가족 아무도 안 만났는데 어느 저녁 그가 집까지 찾아왔다. 그날은 오라비가 마침 집에 있어 자연스레 첫 상면 자리가 되었다. 머뭇머뭇 인사가 끝나니 오라비가 좌정도 하기 전에 절을 받으라니 겨우 두 살 위 오라비가 당황했다. 아버지를 여읜지 서너 해 지났으니 나이가 많으나 젊으나 오라버니가 혼주다. 예의범절의 고장 경북 예천 남자라는 것을 그때 실감했다. 오라비는 빠른 57로 나이는 두 살, 인생은 삼 년 선배다. 나중에 알고 보니 가평의 3하사관학교 선후배 사이였다. 나이 차가 있어 복무 기간은 맞지 않았지만, 연결고리를 찾고는 부쩍 친해지는 것을 느낀다. 아무리 못난 누이동생이라도 아깝지 않았을까. 그나마 마음의 문을 열게 된 동기가 되어 다행이었다.

우여곡절 끝에 하는 결혼식, 사돈 간 먼 거리 탓에 양가 불편함을 감수하고 청량리 제법 큰 결혼식장을 잡았다. 결혼식 날 앞뒷집에서 같이 자란 창순이가 '야! 역시 결혼식은 서울에서 해야 하나 봐.' 긴장 풀어준다고 신부 화장이 잘 됐다는 농을 친다. 어찌어찌 결혼식을 마치고 수안보행 버스에 올랐다. 버스에서는 왜 그렇게 눈물이 나던지, 지칠 줄 모르고 우는 새색시를 달랠 줄 모르던 그 남자와 서른여덟 해를 살고 있다. 팔 남매 막내와 육 남매의 막내, 양가에 크게 손 벌릴 처지가 아니라서 신혼살림은 아주 단출하게 시작했다. 두 사람 다 시골 출신이니, 안채로 물 길러 가고, 뚝 떨어진 화장실과 차량 소음에서 벗어날 수 없는 길갓집이라는 것도 그럭저럭 살만했다. 무엇보다 친정 근처라서 좋았고 친정 근처라서 한편 속상했다. 잘 사는 모습을 보여주고 싶은데 속물근성 때문인지 미미한 시작이 속상했다.

연애 기간이 길었던 것도 아니고 소개받고 겨우 네댓 달이다. 결혼 결심도 궁합 사건으로 엉겁결에 진행이 됐다. 어찌 됐든 헤어지기 싫거나 너무 애틋해서 한 결혼은 아니지만, 부모 형제 외에 평생 내 편이 되어줄 사람이 생겼다니 신기했다. 그것도 몇백 리 밖 지방 남자 아닌가. 남편의 사투리를 듣고 다른 이들이 연애결혼일 거라고 짐작을 한다. 이렇다 할 데이트다운 데이트도 변변히 못 한 결혼이다. 그 한 달 뒤 설날 귀향한 길에 대학 진학을 실패한 질녀와 함께 올라왔다. 그렇게 조카 시집살이가 시작됐다. 단칸방 신혼집에 졸업을 하고, 제대를 하고, 취업 준비를 위해 조카들이 드나들었다. 서울을 드나드는 용이한 조건이 말뿐인 신혼이 되었다. 수년간 어려운 시간을 보내고 나니 조카들과 부쩍 가까워져 있었다. 다 지나고 나면 추억일 뿐이다.

열아홉에 결혼하신 맏동서님은 결혼생활 십수 년이 지나도록 엄청나게 고생스러운 시집살이를 하셨단다. 고만고만하던 남편의 형제자매와 당신의 자녀들이 생겨나고 시고모님들도 결혼 후 묵어가는 관습까지 더해 열 명이 넘는 대가족이 일상이었다고 한다. 그런 이야기를 들은 나로서는 투정을 부릴 수도 없는 상황이었다. 우리 맏동서님도 나도, 그냥 특별한 가족 형태를 감내하며 산 세월을 돌아보면 거스를 수 없는 시대의 아픔이었다. 형님도 나도 보이지 않는 '틀'에 매여 보낸 세월을 돌아보면 오래전 대중가요 '여자의 일생' 노랫말이 떠오를 뿐이다.

삼 남매

한 가족이 아니면서 육촌 삼 남매가 한집 식구처럼 정들이며 살았다. 두 오라버니는 나보다 한참 위고, 나보다 다섯 살 많은 언니는 함께 공유한 추억이 참 많았다. 일찍 어머니를 여의고 홀아버지와 두 형제가 먼저 우리 건넌방에 기거하셨다. 여동생이 있었지만, 집안 살림을 할 나이가 되지 않아 큰어머니께 맡겨진 상태였다. 나의 선친은 그 당숙님보다 조금 일찍 피난을 나와 가까스로 자립하셨을 때이다. 뒤늦게 귀향하신 당숙님과 두 분 육촌오라버니는 우리 건넌방을 임시 거처로 삼은 지 몇 해 지나지 않아 마당 위쪽에 작고 그림 같은 초가집을 짓고 분가해 나가셨다.

병약하셨던 당숙께서는 몇 해 버티시다가 일찍 돌아가시면서 또래보다 성숙했던 언니도 합가를 하게 되었다. 육촌 삼 남매 중 큰 오라버니는 군에 갈 나이요, 둘째 오라버니는 한창 예민한 사춘기를 벗어날 때다. 당숙님 장례식 때도, 큰 오라버니 군에 갈 때도 온 동네 사람들을 울렸다고 했다. 집성촌에 살며 온 동네 사람들이 십시일반 돕기도 했고 두 오빠가 장성해가니 희망은 있었다. 당시 큰오빠는 중장비 운전을 배워 개발 지역을 옮겨 다니며 불도저 운전을 했고 후에는 어느 정도 성공을 이뤄 당신 사업이 되기도 했다. 당숙께서 돌아가시고 둘째오빠는 군대 간 형을 기다리며 어린 여동생과 살았다. 졸지에 동생을 책임져야 하는 가장이 되어 압박이 컸던 걸까. 그 압박감이 우울증이 되었는지 오빠는 한동안 말문을 닫고 아무하고도 말을 하지 않았다.

점점 청년이 되어가는 오빠에게 동네 사람들이 품앗이 좀 해 달라고 찾아왔다가 먼 산만 바라보는 오빠에게서 대답 듣기를 포기하고 어머니께 도움을 청하면, 당시 유일하게 소통 창구였던 어머니는 대신 대답을 들어주는 역할을 한동안 하셨다. 그 오빠에게도 영장이 나왔지만, 가족부양의 처지를 고려해 야간 파출소 근무를 허용해 줬다. 기억을 더듬어보면 나중에 합가한 언니는 또래보다 성숙했던 것 같다. 그 언니는 동갑이나 한두 살 차이 나는 동네 언니들과도 잘 지냈다. 작은오빠가 밤 근무를 나가면 마실 방이 되어 언니들은 밤새 웃고 이야기하느라 호랑이 아버지의 걱정을 사기도 했다. 나뭇잎 구르는 것만 봐도 까르르 넘어가던 때이니 아버지의 호령도 소용없었다. 아래윗집 살며, 더구나 우리 건넌방에서 정말 가족처럼 살았던 情은 친형제나 사촌 못지않게 정이 들었다.

큰오빠도 작은오빠도 모두 제대하고 삼 남매가 아주 우애롭게 살았다. 큰오빠는 불도저 기사가 되어 지방으로 돌다가 가끔 오셨고 결혼하고는 서울살이를 시작했다. 나중에 작은 오빠도 불도저 기사가 되어 서울 아가씨와 결혼하고 그 언저리에 자리를 잡고 형제가 나란히 서울 사람이 되었다. 일찍부터 살림했던 언니는 '손끝이 야물다.'는 소릴 많이 들었고 혼기를 놓치지 않고 좋은 분 만나 결혼을 했다. 서울 신혼을 거쳐 성남으로 옮겨 알뜰하고 착실하게 살아가면서 집도 두어 채 장만하고 아직 경제활동을 놓지 않고 성실하게 살아간다. 이 언니는 우리 어머니를 부를 때 '아주머니'라고 부르는데 오촌 당숙모이니 아주머니가 당연하지만, 어찌나 살갑게 '아주머니'를 부르는지, 나도 크면서 아줌마라는 말보다 더 점잖게 들리는 '아주머니'를 선호해 아주 젊은 분 아니면 '아주머니'라고 부르게 되었다.

청년이 된 작은오빠가 서울로 가기 전, 밤이면 가끔 구슬픈 퉁소 소리가 들렸다. 오빠들 처지를 다 알아서인지 어린 내게도 구슬프기가 애간장을 녹였다. 민요 가락인지 옛 가요 리듬인지 기억할 수는 없지만 문득문득 생각이 났다. 후에 결혼한 서울 새언니에게 오빠 퉁소 소리 들어봤냐고 물어본 적이 있었다. 그러나 육촌올케는 한 번도 들은 적도 본 적도 없다니 의아했다. 아마도 외롭고 서러운 시골살이의 추억을 일부러 지우려 했을지도 모른다. 가끔 끊일 듯 이어지던 퉁소 소리가 들리던 가을밤이 그립다. 그 후 세월이 많이 흘러 삼 남매가 성남에 둥지를 틀고 우애좋게 살았다. 세월이 흘러 수구초심이요 귀소본능이라고 할까.

오라버니들은 앞서거니 뒤서거니 고향으로 내려오셨다. 두 분 다 애견 사업을 오래 하다가 점점 사향 길에 들자 사업은 다 놓고 평소 좋아하던 취미생활만 즐기신다. 지역 행사에서 흥을 돋우는 민요와 농악에 나란히 빠져 재밌게 사신다.

큰오빠는 팔순이 가깝지만, 건강도 좋으시고 민요를 좋아하셔서 가끔 지역 행사 무대에 서신 것도 몇 번 뵈었다. 특히 작은 오빠는 농악대에서 호적을 불며 농악대를 이끈다. 작은오빠의 소싯적 퉁소 가락이 상상이나 꿈이 아니었음을 기억해 내었다. 부부가 취미가 같아 행사장 분위기를 띄우는 농악대 취미생활을 같이하니 얼마나 보기 좋은가. 소싯적 조실부모로 갖은 고생을 했지만, 고진감래라고 했던가. 취미생활과 편안한 노후를 보내는 두 형제가 너무 보기 좋다. 성남에 홀로 떨어진 언니는 옛 생각이 날 때마다 내게 전화를 걸어온다. 내 위 언니가 일찍 시집을 간 후 나도 육촌언니를 잘 믿고 따랐었다. 결혼할 무렵 서울 오라버니댁으로 합가한 언니를 보내며 너무 아쉬워 한쪽 팔이 떨어져 나간 것 같았다. 그만큼 정이 폭 들었었다.

좋은 분 만나 결혼을 한 언니는 남매를 차례로 낳아 예쁘게 키웠다. 어머니 계실 때는 몇 번 다녀가기도 했지만 정작 아이들 교육에 매진할 때는 뜨막해졌다. 다 같이 어려웠던 시절을 함께 이겨낸 정 때문인지 우리 아버지 어머니 돌아가셨을 때는 우리만큼 서럽게 울던 삼 남매다. 함께 지나온 아픈 시간이 주마등처럼 스쳤으리라. 아픈 시간만 있지는 않았겠지만 삼 남매가 의

지하고 우애롭게 보내던 시절도 생각나지 않았을까. 지금도 육촌언니는 옛 생각이 나면 불쑥불쑥 전화를 해온다. 축의금이라는 용어도 낯선 그 옛날, 어머니는 특히 동네 경사가 나면 어머니 특기인 '청포묵' 부조를 많이 하셨다는 기억도 나와 일치한다. 비 오면 비 오는 대로 날씨가 화창하면 화창한 대로 문득문득 '당숙모'가 보고 싶은 날에도 전화를 걸어오는 것이다. 시간 가는 줄 모르고 갈피갈피 넣어둔 옛이야기를 꺼내 한참 통화를 하다 눈물짓는 날도 많았다.

우리 어머니가 없는 살림살이에 당신 자식들 놔두고 당질들에게 더 잘해 주셨을 리 만무하다. 그럼에도 지난 추억 모두를 그리워하는 언니를 보면 가슴이 저릿해진다. 일찍이 엄마를 여의고 집안 아주머니를 의지해 똘똘 뭉쳐 살던 삼 남매는 참으로 우애로웠다. 가끔 우리 숙모님 이야기도 한다. 동네 잔칫날 마을 어머니들이 음식 장만을 할 때면 꼿꼿한 우리 어머니 성격에 아이들에게 전 한 조각 떼어줄 줄 모르셨는데, 작은어머니는 슬쩍 집어 입에 넣어줘 가끔 입맛을 다셨다는 이야기다. 나도 어머니 성정을 잘 알기에 그림이 그려지는 정경이다. 그런저런 이야기를 간직한 삼 남매는 하나도 둘도 아닌 셋이라서, 의좋은 삼 남매라서 가능했던 세월이 아니었을까.

손거스러미

생전에 어머니는 '사람들은 염통 곪는 건 모르고 손톱 밑에 든 가시만 아프다고 한다.'고 말씀하시곤 했다. 다른 어떤 심오한 뜻이 들었는지는 모르지만, 아무리 잘난체하는 인간들일지라도 경중을 모를 때가 있다는 말씀이 아니었을까. 우리네 삶에 경중을 가르는 것이 어찌 이 두 가지뿐이랴, 그렇지 않으면 어찌 염통 곪는 걸 모르고, 뽑아내면 그만인 작은 가시에 비한단 말인가.

귀한 장기는 보이지 않는 곳에 숨어있어 육안으로는 볼 수가 없다. 거기다 온갖 유혹에 빠져 낯선 음식물로 장기를 괴롭히니 적지에 둔 병사 같다. 적은 듯 알맞게 먹기가 쉽지 않다. 동서양을 넘나드는 별난 먹거리가 넘쳐나니 유혹을 뿌리치기도 어려우리라. 우리의 심장을 뛰게 하고 혈액을 돌게 하고, 숨을 편히 쉬고, 그들과 함께 소화기 장기와 배변 장기처럼 소중한 장기는 우리 눈에 띄지 않아 불편함을 넘어 탈이 날 때까지 거의 느끼지 못한다. 외려 손톱 주변으로 작은 살갗이 일어나는 손거스러미는 우리의 신경을 곤두서게 한다. 거북하고 거슬리기로서니 고통이라 말할 수 없다. 왠지 모를 거북함에 신경이 쓰여 기어이 뜯어내다가 붉은 앵혈을 보고야 만다. 핏방울 한 점인데 쓰리긴 또 얼마나 쓰리던지 작은 손거스러미를 떼어냈을 뿐인데 말이다.

어린 시절 교과서에서 보았던 네덜란드 소년 이야기는 평생 잊히지 않는다. 국토가 바다보다 낮은 지정학적 요인을 지닌 풍차의 나라 네덜란드 작은 마을에서 어느 날 소년 하나가 둑을 지나다 둑에서 바닷물이 새는 작은 구멍을 발견하게 된다. 저 작은 구멍이 조금씩 커진다면 자신이 사는 마을이 물바다가 될 것을 감지하고 막아선다. 처음에는 소년의 손가락 하나로 구멍을 막고 있었지만, 시간이 갈수록 구멍은 조금씩 더 커진다. 손가락 두 개, 또 손가락 세 개, 소년은 지치고 힘들지만, 오직 마을을 위해 힘겨운 시간 싸움을 견디고 있었다. 주먹으로 막다가 팔뚝으로 막아서고 밀려오는 졸음을 견디며 마을 사람 누군가 달려와 주기를 기도했으리라. 그리고 마을 사람들은 지친 소년이 둑이 무너지는 것을 막고 서 있는 정황을 목도하게 된다. 소년은 마을을 구하고 주민은 소년을 구한 것이다.

그 소년은 평소 모범적인 소년이 아닐 수도 있다. 장난꾸러기에 말썽꾸러기였을지도 모르지만, 마을이 위기에 처한 모습을 보며 대의를 위해 어린 몸을 희생하려 했었을 것이다. 무섭거나 두렵지 않았을까? 어리다는 이유로 피하거나 방관하고 싶지는 않았을까? 그래서인가, 어린 날의 보았던 네덜란드 소년 이야기는 어른이 되고 나서 더 큰 감동으로 다가왔다. 장난꾸러기 소년이라면 우리에게도 있다. 개구쟁이에다 장난꾸러기 소년의 대명사, 후에 승정원 동부승지와 영의정을 지낸 역사에 남은 인물, 우리 지역의 자랑인 오성 대감 백사 이항복이다. 교과서에도 실린 설화, 네댓 살이나 어렸던 한음 이덕형과의 일화는 미소가 절로 번지게 한다. 새끼 제비의 죽음을 보고 어른들의 장례절차를 흉내 내 제문을 지어 애도했다는 이야기는 어린 소년들에게서 생명 중시 사상과 해학을 엿볼 수 있었다.

한음은 나이에 비해 진중했다면 오성은 머리도 좋지만, 확실히 장난꾸러기였던 것 같다. 이웃을 사이에 두고 감나무에 달린 감을 두고 노비들 간 다툼이 일어난 걸 보고 무작정 권철 대감댁을 찾아가 창호지 문을 뚫고 주먹을 들이밀며 '이 주먹이 누구 주먹이오?' 했다는 대응은 깜찍하기까지 하다. 권 대감은 소년의 기지에 탄복해 아들 권율에게 사위로 맞을 것을 권했다고 한다. 당돌하지만 번뜩이는 기지를 발휘하는 오성이 썩 마음에 들었을 거라는 것은 불문가지다. 또 다른 일화는 이웃하고 있던 대장간에 놀러 다니며 매일 못 한 개씩 주워다 모으는 장난을 쳐왔다고 한다. 어느 날 오성을 골탕 먹이려던 대장장이가 불에 달군 못을 물에 담갔다 놓아두는, 감히 양반 자제를 욕보이려는 응수를 해와도 오성은 해학으로 넘긴다. 세월이 많이 흘러 가난에 찌든 대장장이가 오성 대감을 만나게 되자, 어린 날 모아둔 못 주머니를 내주면서 다시 심기일전하게 했다는 이야기는 소설의 한 대목 같다.

될성부른 나무는 떡잎부터 알아본다고 했던가. 옛 선인들의 고사성어와 환골탈태라는 말에서 배운다. 오성 대감처럼 어릴 적 장난꾸러기가 바르게 성장하면서 훌륭한 동량이기도 하다. 장난꾸러기는 창의력과 기지가 남다른 사람일지도 모른다. 오성 또한 아버님을 일찍 여의었지만, 어머니의 사랑으로 역경을 견뎌내고 잘 성장한 예이다. 한때의 상처는 잘 이겨내고 바르게 성장해 나간다면, 모든 어려운 역경을 극복한 뒤에는 다 자산이 되는 것이다. 소크라테스는 '아무것도 바라지 않을 때가 최고의 행복이요, 극히 작은 것밖에 바라지 않는 것이 그 다음가는 행복.'이라고 말했다. 또 어떤 이는 모름지기 꿈은 크게 가지라고 했다. 꿈이 허황되거나 욕심이 아니라면 꿈을 이루기 위한 과정 또한 행복이 아닐까.

신경을 건드리는 손거스러미는 손톱 소지용 기구를 이용해 떼어내면 그만이지만, 별것 아니라고 대수롭지 않게 여기거나 우습게 생각해 손톱으로 떼 내려다가는 여지없이 화를 부르는 게 다반사였다. 작은 것을 방관하지 말자. 붉은 핏방울을 보고 나서 후회할 때는 이미 늦다. 어떤 일에든 순서가 있고 경중이 있다는 말이다. 우리는 가끔 그것을 잊고 살 때가 있으니 꼭 유념해야 할 일이 아닐까.

아버지와 제비

너무 빠른 발전에서 온 변화일까. 동시대를 살면서도 가끔은 옛 추억이 그리워진다. 삶의 질이 높아진 현실은 읍 단위, 면 단위 어디를 가나 도농의 경계가 모호해졌다. 딱히 '거긴 확실히 시골이야!'라는 말이 어울릴만한 산촌 어촌이 아니고서는 도시와 농촌을 줄 긋듯 선명히 나눌 수도 없는 현실이 아닌가. 발전이 거듭할수록 얻은 것도 물론 많지만 잃는 것도 분명 있다. 새로이 얻어지는 편리와 풍요는 아주 잠시 지난 세월을 잊게 하지만, 변화에 따른 부작용도 시행착오도 우리가 극복하고 감내해야 할 일인 것이다.

서로의 안부가 궁금해 가끔 소통하는 제주의 김 시인이 준 전화다. 제주살이 7년 차에 접어든 문우는 아직도 제주에서 만나는 제비가 신기하기만 하단다. 강남 갔다가 돌아온 제비가 수 없는 날갯짓으로 멀고 먼 남해를 건너 제주까지 갔다는 것은 문우의 전언이 아니면 모를 일이다. 내 어릴 적, 초가지붕에 찾아들던 '제비'는 기와집으로 바뀌어도 제때 잘 찾아 들었다. 빈부도 가릴 줄 몰라 비 가림 할 지붕이 있고 처마가 있고 서까래가 있다면 초가집도 기와집도 마다하지 않는다. 한동안 주기형대가 양옥집으로 바뀌면서 '이제 제비들 어떡하나.' 걱정했지만 깔끔한 양옥집 처마 담벼락에도 집을 짓고 알을 부화한다. 우리가 발전하고 변화한다면 동물의 세계도 끊임없이 진화하며 적응해간다. 신기하고 경이롭지 아니한가.

새봄과 함께 제일 먼저 농가에 찾아드는 제비는 반가움이 앞선다. 보금자리 마련한다고 검불을 물어오고 흙을 물고 와 집을 짓는다. 그러자니 마룻바닥을 마구 어지럽히지만 절대 내치지 않는다. 질척한 논흙을 풀 삼아 검불을 붙여가며 집을 지어 알을 품고 새끼가 부화하면 새끼 제비 배설물 받이로 판자를 고정해 준다. 사람들이 제비집을 둥지라고 하지 않는 이유는 이런저런 서로의 노력이 가상해서 그런지도 모르겠다. 날개를 퍼덕일 때마다 비듬이 떨어진다거나, 더워지는 날씨에 녀석들로부터 대청마루를 빼앗겨도 녀석들은 농가의 여름 가족이었다. 새벽잠이 꿀맛 같은 청소년기에 녀석들로 인해 아침잠을 빼앗겼다면 녀석들의 조잘거림은 더 이상 노랫소리가 아니다. 남 먼저 먹이를 받아먹겠다고 더 치열하게 경쟁적으로 울어대었을 테니 말이다.

어떤 녀석은 묵은 집에 바로 들어가 알을 품어 첫 새끼들을 쉽게 날개를 달아주지만, 문제는 새끼들의 안전을 장담할 수 없는 장마철이다. 첫 배를 순조롭게 떠나보내고 두 번째로 알을 품어 부화할 즈음이면 여지없이 장마철이다. 비가 잦은 장마 통에 날벌레가 얼마나 있을까. 먹이가 부족하니 예민해진 녀석들이 자꾸만 새끼를 아래로 떨군다. 처음엔 저들끼리 장난치다 떨어졌나 조심스레 올려주지만, 기어이 다시 밀어내 속을 태웠다. 순전히 먹이 때문에 벌어진 사달인 줄만 알았는데 제주 문우를 통해 새로이 알게 된 사실은 전혀 의외다. 한번 밀어낸 녀석을 다시 모질게 밀어냈던 게 먹이 때문만이 아니라 사람 손을 탔다는 게 그 한 이유란다. 장갑 낀 손으로 조심조심 올려주고 받아들이는 걸 보고야 마음을 놨다던 문우, 그 녀석들이 잘 자라서 떠나갈 때 인사치레를 하려는지 유리창에 자꾸만 머리를 부딪더라는 얘기는 정말 신기하기 그지없다.

오래전에 제비를 떠올리면 아버지와의 아릿한 추억도 생각난다. 어느 해 그해 찾아온 제비는 유독 마루와 부엌으로 연결된 전깃줄에 흙을 붙이려고 애를 썼다. 선친께서는 왜 그게 마음에 안 드셨을까. 가까스로 붙인 약간의 흙을 기어이 떼어내신다. 아니 떼어내는데 그치지 않고 아예 시작을 못 하게 방해까지 하신다. 보통의 제비는 처마 안쪽 벽이나 옆 서까래를 의지해 집을 짓는다. 지금처럼 전선의 표피가 굵은 안전선도 아니고 누전 위험성이 있어 그러실까 했지만 그도 아닌 것 같다. 또 가는 전깃줄에 흙을 붙이려니 절반도 넘게 흘려 진도가 나갈 리 없다. 다른 해는 전혀 그런 일이 없었는데 어쩌자고 가느다란 줄에 의지하려는 걸까. 아버지의 적극적인 방해에도 다른 줄을 찾는 녀석들의 고집도 참 대단하다. 기억을 더듬어보면 집주인의 지속적인 박해가 주효했었나, 녀석들과의 싸움에서 결국 아버지가 이겼다.

근력이 좋지 않으셨던 아버지는 당시 칠순의 노구이셨다. 겨우 누렁이 소 한 마리 건사하는 게 아버지 유일한 소일이었고 출타도, 전답을 돌아보시는 일도 드물었다. 그만큼 기력이 쇠하시니 기껏 여가로 시조를 읊으시고 벼루에 먹을 갈아 글을 쓰시거나 우리가 보는 책을 간혹 펼쳐 읽기도 하셨다. 그즈음 『성웅 이순신』을 보셨는데 장군께서 백의종군하던 대목에서는 눈자위가 금세 붉어져 자식들이 볼까 봐 고개를 돌리셨다. 그런 선친께서 하필 제비와는 왜 저토록 반목을 지속하시는 걸까. 약하신 기력에도 수차례 섰다 앉기를 반복하시니 곁에서 보는 자식도 이유를 몰라 그저 민망할 뿐이다. 비교적 합리적이신 분인데 대체 왜 그러시는 걸까. 아주 나중에서야 떠도는 어떤 속설에 미리 반응하신 거라는 걸 알게 되었다. 검증도 안 된 미신 같은 이야기에 겁을 내시다니, 도무지 아버지 같지 않았다.

속설인즉, '제비가 줄에 집을 지으면 밥주걱 주인이 바람이 난다.'라는 속설이 있다는데, 선친께서는 함께 늙어가는 어머니보다, 당시 처한 환경적 요인으로 내 걱정을 하셨을 것이다. 나는 부모님이 늦게 본 자식이다. 위에 딸네들은 다 출가하고, 군에 간 오라비 대신, 동생과 함께 연로하신 부모님을 모시고 처녀 농군 시절을 보내던 때였다. 농사일도 농사일이지만, 병약하신 어머니로 인해 부엌일에서도 놓여나지 못했다. 우리 집 속사정을 알 리가 없는 제비란 녀석들이 무슨 죄가 있나. 그런 내 처지를 아는지 모르는지, 기를 쓰고 전깃줄에 흙을 갖다 붙이려 드니 딸을 보호하고자 했던 선친의 뜻을 녀석들이 알 리가 없지 않은가. 신기하게도 나는 그 비슷한 시기에 펜팔을 했었다. 좀 지나고 생각해 보니, 부족한 내 역량에 지치고 힘겨운 일상으로부터 돌파구를 찾고 싶은 시기는 아니었는지…….

막간을 이용해 며칠 지난 농민신문을 뒤적이다 펜팔 상대를 찾았다. 충청도 어딘가의 전문대를 나오고 군대를 다녀온 청년이었다. 뜻한 바 있어 다니던 직장을 그만두고 귀향해 농사를 시작했다는데, 경험은 없고 꿈은 컸는지 이백 평 고추 농사를 다 망치고 이런저런 시행착오를 겪고 다시 농사철이 도래하니 새로운 각오를 다진다는 기고였다. 나이야 비슷하겠지만, 농사일이 제법 익숙할 때였으니 주제넘게 도움말이라도 해주고 싶었나 보다. '2월 14일 자 농민신문을 보고,'라는 제목을 달아 편지를 썼다. 신문 지면에 상세주소가 나올 리 없다. 번지는 물론 '동리' 주소를 안 썼음에도 무턱대고 보낸 편지가 전해졌는지, 신기하게도 얼마 뒤 몇백 리 떨어진 곳으로부터 '삼라만상이 모두 잠든 삼경에'라는 멋진 제목을 단 답장이 날아들었다. 겁 많은 시골 처녀의 펜팔은 더 이어갈 생각도 못 하고 그쯤에서 마감했지만 내 선친과 제비와의 일화처럼 내겐 잊을 수 없는 봄날의 추억이 되었다.

제주 문우는 예쁘고 현대적인 펜션을 운영한다. 제비 이야기를 듣다 보니 슬며시 녀석들이 부러워졌다. 평화로운 풍광이 너무나 그림 같은 곳, 사랑하는 가족과 친구 지인들이 아름다운 추억을 쌓기 위해 삼삼오오 찾는 여행지다. 나들잇길에 지친 여장을 풀고 묵어가는 펜션에 간 크게도 장기간 무임 투숙한 녀석들이 왜 이리 부러운 걸까. 나도 녀석들처럼 노란 부리와 힘찬 날갯짓으로 찾아 들고 싶은 마음이 굴뚝같다.

송산댁 아주머니

우리 아랫집에는 고래 등 같은 기와집이 있었다. 적어도 어릴 적 내 눈에는 그리 비쳤다. 세상일과는 무관하게 초야에 묻혀 사시는 아버지께 변화하는 세상사를 물어다 들려주시던 아랫집 아저씨는 아버지와는 십촌 간이요, 두 살 아우님이시다. 이웃 동네까지 농지를 가지고 계실 만큼 동네 세 손가락 안에 드는 부자이셨다. 부잣집이니 붙박이 일꾼을 두었는데도 일을 얼마나 하시는지 군살 없이 호리호리하던 몸매로 그 많던 농사일을 하시는 모습이 어린 내 눈에는 불가사의하게 보였던 기억이다.

일을 그렇게 좋아하시는 아저씨가 쉬는 시간이면 늘 아버지께 마실을 오셨다. 화로를 가운데 두고 두런두런 세상 이야기를 나누시다 간혹 의견이 다를 때는 '에이 형님도 차 암!' 두 살 차이에도 아버지께 꼬박꼬박 형님이라 모시는 고마운 아저씨는 돼지띠셨고 그 댁 아주머니는 호랑이띠셨다. 어린 내 눈에도 부부금

슬이 참 보기 좋으셨는데, 사람들은 우스개로 돼지는 호랑이에게는 밥이나 다름없으니 아저씨가 져주면서 사시는 거란다. 그래서 그런지 집안이 늘 구순했다. 두 분은 삼 남매를 두셨다. 큰 자제는 부잣집 도련님이 그렇듯 몸이 약했다. 1950. 6. 25. 일요일 아침, '쿠릉 쿠릉' 대포 소리와 콩 볶듯 하는 소총 소리가 요란해도 별스럽게 생각 않고 논에서 일만 하는 부친께 신작로에 밀려 내려오는 피난민 보라고 우리도 피난 가자고 했다던 그 오빠는 쉰도 못 사시고 일찍 돌아가셨다. 무엇 하나 그리운 것 없이 다 가진 그 댁에 유일한 먹구름이요 아픈 손가락이었다.

폐가 나쁘다는 그 오빠는 몸은 약하셨지만, 인삼밭 사업도 하시고 요즘 말로 부동산 중개도 하셨다. 아래윗집 살면서 바튼 기침 소리가 들릴 때면 어린 나이에도 웬일인지 가슴이 철렁였다. 또 배나무를 심어 농업혁명 고수익을 예상했을 것이다. 어느 해는 전정 시기와 알 솎는 시기를 놓친 탓인지 배 농사를 망치기도 했다. 숫자가 많으니 과실이 굵지 않아 상품성이 떨어져 낭패를 본 것이다. 동네 사람들은 욕심을 부리다 그리됐다고들 했다. 그 송산댁 아주머니라 불리던 그분은 특히 경제관념은 남다르셨다. 부잣집 마나님이 고운 옷 입고 텃밭이나 왔다 갔다 하셔도 좋으련만 그분은 그러지 않으셨다. 정약용 님이 말씀하던 '남새밭'에서 나는 푸성귀도 내다 파시고, 겨울난 김장김치도 마땅히 돈이 되었다. 생각 차이는 개인마다 다르다. 동네 분들의 시선과 해석이 제각각이었다.

아주머니의 경제관념을 두고 긍정적으로 보는 이도 물론 있지만 '꼭 부잣집에서 그렇게까지 해야 하나?'라며 아흔아홉 섬 부자 이야기가 여지없이 회자되었다. 그러거나 말거나 아주머니는 꿋꿋하셨다. 가을이면 마당 가에 벼 낟가리를 만든다. 우리 낟가리의 서너 배는 됨직한 둥글고 커다란 낟가리를 보듯 살림 크기를 알 법했다. 집도 컸지만 커다란 전축에서 흘러나오는 회심곡을 틀고 둘러앉아 눈물을 찍어내던 어머니들의 그림이 영화의 한 장면 같다. 아주머니의 남다른 경제관념을 두고 젊은 손녀딸에게 물어본 적이 있다. 그 손녀도 중년을 목전에 둔 때문일까. '나는 우리 할머니 부끄럽지 않아. 우리 시어머니도 남는 농산물은 시장에 내다 파시는데 뭐.' 과연 그 할머니에 그 손녀다. 어릴 때 또순이 별명이 붙었던 그녀답다. 그렇게 자연스럽게 경제관념이 몸에 배었나 보다.

아주머니는 소위 말하는 조강지처셨다. 우리 부모님은 6·25동란 전후해서 각자 홀로되시어 합친 재혼가정이었다. 내가 철이 들 때까지 아주머니는 어머니께 형님 소리를 한 번도 하지 않으셨다. 소위 말하는 조강지처 위세와 몇 살 아래이신 어머니께 선뜻 형님 소리가 나오지 않았는지 아래윗집에서 볼일이 있어도 호칭은 쏙 빼고 바로 본론으로 들어가도 아무도 눈치채지 못하는 상황이었다. 왜일까, 하는 호기심과 이야기꾼이 되고 싶어 사람들을 관찰하던 나의 눈에 비친 아주머니는 그러셨다. 그랬던 아주머니가 어머니를 '형님'이라 부른다. 어머니가 구순 되시던 그해 봄, 흰 보에 덮인 채 앰뷸런스에 실려 나가는 어머니께 '형님 먼저 가 계슈, 나두 곧 따라가요.' 분명 코를 훌쩍이는 아주머니의 마지막 인사다.

어머니의 임종을 보지 못한 나도 눈물 콧물 범벅이 되어 앰뷸런스를 따라 나가는데 아주머니는 마지막 친구를 잃은 듯, 망연한 모습으로 방금 어머니가 빠져나온 현관문에 기대어 계셨다. 어머니 말년은 어린아이와 같았다. 오른쪽 편마비와 치매 증상이 동반되어 겨우 가족만을 알아보실 때다. 그럼에도 아침저녁 드나들며 대화가 되거나 안 되거나 말벗을 하러 다니시던 아주머니, 이미 그분도 아흔을 훌쩍 넘기셨으니 비슷한 연배 이웃들이 모두 떠나간 뒤였다. 이후 달랑 두 분만 남아서 형님 아우가 되셨나 보다. 어느 해인지 어머니가 우리 집에 오래 묵어가실 때였다. 마땅히 가실 곳이 없었던 아주머니는 어머니를 보러 이삼십 분 걸리는 그 길을 걸어 건너오셨다. 젊은 날의 그 도도한 아주머니라면 어림없는 이야기다. 그 아주머니가 먼길을 떠나셨다는 전갈이다. 아주 미미하게 남았던 서운함도 모두 사라지고 더운 눈물만 흘렀다.

「그 님의 역사」 아흔여섯 해를 사셨다 / 영면에 드시기 불과 몇 시간 전 / '얘 우리 그만 들어가서 자자' / 증손자와 함께 / 담소를 나누셨다니 / 아! / 이 얼마나 행복한 마지막 모습이신가 // 육십 년이 넘는 긴 세월을 / 남들 부러워하는 / 대궐 같은 큰 집에서 / 사랑으로 偕老하시다 / 그분 떠나신 지 십여 년 / 자손들 내리사랑으로 빈 가슴 채우시다 / 아흔여섯 해, 그 장고한 세월을 뒤로하고 / 평안히 영면하셨다.

때는 9월, 음력 칠월 스무이틀 / 햇살 뜨거운 칠월이라지만 / 장마도 벗어나고 / 무더위도 비껴간 백로를 지나 / 오랜 세월 偕老하시던 그분 곁으로 / 輓章을 앞세우고 / 輓歌를 벗 삼아 그렇게 가셨다 // 당신의 손때 묻은 해묵은 살림살이 / 아직 당신의 체온이 남은 호밋자루 / 구순 老耈에도 텃밭은 언제나 당신 삶의 한 자락 / 푸른 푸성귀와 같은 당신의 푸른 정신 / 살아생전 / 후손을 위해 몸을 아끼지 않던 님 / 흙에서 나 흙과 함께 사시다 / 오늘 / 고운 몸 땅에 뉘어 / 한 줌 흙으로 돌아가셨다.

(2009년 9월 11촌 아주머니 부고를 접하고)

지나간 일은 아픔도 추억이 된다. 삼팔선 인접한 곳에서 집성촌으로 이사 오신 선친께 유일한 소통 창구가 되어주신 아저씨를 생각하면 항상 감사하고 또 감사드린다. 그 고마움을 한 번이라도 표현했던가, 어쩐지 오늘은 11촌 아저씨 아주머니가 더욱 그리운 날이다.

본향 전주를 가다

어느덧 뿌리를 찾는 일이 고루하게 보이는 시절이 되었다. 예전 같으면 같은 성씨를 만나면 '그래 성이 李氏면 본은 어디유?' 묻던 시절이 분명 있었다. 지금은 거의 찾아보기 어려운 현상이다. 필자의 어린 날은 집 가까이 조상의 선영이 있었다. 또 집성촌에서 나고 자라서인지 뿌리를 향한 자연스러운 관심과 연중행사로 선릉 제향을 다녀오시는 아버지를 보고자란 영향도 컸으리라.

올해 정월 중순 어느 날, 남동생한테 전화가 왔다. 전주 나들이 가자는 제의였다. 전주 이씨의 1세조 어진은 경기전에 모셔져 있지만, 2세부터 17세조까지 유혼을 모실 '승경묘' 승경원이라 통칭한 대사업을 추진해 건립해오던 중 착공 약 15개월 만에 완공하고 준공식이 2월 18일에 있을 예정이니 그날에 맞춰 나들이 가자는 이야기였다. 그동안 매년 꽃 피는 봄날 제향에 맞춰 다녀오는 것을 알고는 있었지만, 딸네인 내게도 가자고 제안해 주니 고마운 마음에 함께 하겠노라 답을 했다. 대답하고 나니 뒤늦게나마 한 번도 가보지 못한 나의 본향 나의 뿌리, 전주를 찾을 마음에 기분이 들뜬다. 이렇든 저렇든 내게는 뿌리를 찾아 나서는 여정이며 팔촌까지 소종중 피붙이들의 모처럼 여행길이 될 것이기에 마음이 들뜬다.

우리 소종중의 회장은 생전에 서당을 하셔서 '선생님 아저씨'라 불리신 재당숙님의 큰아들로 부천에서 조경업에 종사하는 팔촌 오라버니요, 총무 일은 마침 동생이 보고 있던 참이어서 그리 전화를 해 대었구나 싶었다. 차량은 이미 맞춘 상태인데 그 큰 관광차가 휑할 것 같아 딸네들도 참여시키기로 했다는 반가운 말이다. 당일 일정은 너무 힘겨울 거라 1박 2일을 잡고 준비를 했으며 비용 또한 소종중 경비를 쓸 것이라고 부담까지 덜어주니 또한 고마운 일 아닌가. 오랜만에 만날 여형제들이며 올케들, 백발이 성성해가는 집안 오라버니들을 만날 생각에 손꼽아 기다려 드디어 17일 아침, 나의 본향을 찾는 그 아침이 밝았다.

동생은 총무답게 김밥도 맞추고 차 안에서 필요한 이것저것을 준비하느라 시내를 나왔다가 나를 태워가겠다고 배려해 준다. 버스 탑승 장소에 도착해 일가붙이를 기다리니, 청산에서 운천에서 더 멀리 부천에서 속속 차가 들어와 서로의 안부를 물으며 반겨 맞는다. 오늘의 여정을 함께하는 우리는 성종 대왕 할아버님의 후손이다. 역사드라마에서 빠질 수 없는 비사도 많고, 애사도 많은 조선왕조지만 우리 성종 대왕 할아버님은 성군으로 꼽는 분이시라 나를 더 으쓱하게 한다. 정실 왕비 자제가 아니라는 흠도, 우리 회산군 할아버지를 낳으신 숙의 홍 씨 할머님은 일곱 왕자님과 세 분의 옹주를 낳으셨다는 기록이 있어, 성종 대왕 할아버님과 숙의 홍 씨 할머님은 각별하셨을 거라는 가성을 할 수 있어 조금은 더 당당해진다.

달리는 차 안에서는 피붙이들의 담소가 끊이지 않는다. 역시나 대 감염증을 겪으며 한동안 얼굴 보기가 어려웠었기에 오늘 만남이 더욱 소중하다. 술이 한 순배 돌고 노래도 한 자락씩 뽑아본다. 가는 길에 또 한 팀을 태우고 점심을 먹으려고 선유도를 경유했다. 오라비나 동생은 순 포천 태생 내륙 출신 아니랄까 봐, 그 맛있는 모둠회를 앞에 두고 남의 떡 보듯 한다. 곁에서 보는 누이 속이 타든지 말든지 흥에 겨운 기분을 망치게 될까 봐 그냥 모른 척하란다. 차례로 나오는 스키다시를 다 챙겨 먹느라 시간이 많이 지체되어 유람선 타려던 일정을 취소하고 전주로, 전주로 내달려 어둠이 깔린 전주에 도착했다. 전주에서 맞는 첫 저녁 식사는 내 살림 같으면 몇 번씩 들었다 놓았을 비싼 한우로 포식을 하고 숙소를 찾아 나선다.

숙소는 대중가요 '비둘기 집'을 부른 황세손 이석 님이 운영하신다는 '승광재'란다. 앞서 길라잡이를 하던 이는 밤 풍경이 낯설다면서, 첫 블록에서 좌측 골목으로 들어가면 바로 찾을 숙소를 코앞에 두고 먼길을 빙빙 돌아 찾아왔을 때는 웃음이 절로 났다. 전주 한옥마을을 누비며 앞서거니 뒤서거니 길을 찾던 일은 오래도록 기억에 남을 것 같다. '승광재'의 커다란 기와집 대문을 들어서니 잘생긴 진돗개가 짖지도 않고 투숙객을 맞는다. 예전 시골집을 연상하듯 따끈따끈한 방바닥에 이부자리 깔고 사촌 언니들과 밤늦은 시간까지 옛이야기를 한다. 같은 추억을 공유했으니 어떤 이야기를 해도 웃음으로 동조하다가 늦은 시간이 되어서야 하나둘 잠이 들었다.

전주의 아침, 임금님 수라상에나 오를 것 같은 번쩍이는 식기에 담긴 떡국으로 가벼운 식사를 하고 승경원 준공식이 열릴 행사장에 도착해 보니 원근 각지에서 들어오는 관광차가 즐비하다. 오늘의 행사를 위해 새벽같이 길을 나선 분들일 것이다. 입구에 '承慶院'이라는 커다란 표지석이 먼저 눈에 띈다. 날씨는 어제와 달리 새침한데, 따끈한 차 봉사를 나온 고마운 분들이 있어 감사했다. 승경원 건물 구조는 외삼문을 들어서서 똑바로 마주 보이는 커다란 승경묘에는 2세조에서 17세조까지 유혼을 모셨다고 한다. 외삼문에서 우측으로 건립 비문과 현성자비, 계단 아래쪽에는 화수각과 관리동까지 부속 건물로 되어있었다. 행사를 빛내주는 식전행사는 꽹과리와 호적을 앞세운 농악으로 흥을 돋우고 대형 붓으로 쓰이는 휘호도 인상적이다. 전국 각지에서 도착하는 각 종파 종친 어른들이 끊임없이 도착하고 계셨다.

개식 선언과 국민의례, 애국가가 이어지고 제약회사 종근당을 필두로 고액 후원한 내빈과 종친 어른들 소개가 이어졌다. 2013년 건립 의지와 태동, 모금 활동 전개와 승경원 건축 허가를 받아내고 오랜 기간 건립기금 모금 운동 전개를 해왔다 한다. 드디어 2021년 10월 착공식을 거쳐 오늘 준공식에 이르렀다는 보고와 기금 후원으로 도움을 준 분들께는 포상이 이어졌다. 테이프 커팅에 이어, 곧 승경묘에 모셔진 2세조부터 17세조까지 제사를 보신다고 했다. 집전할 종친 어른들은 옥색 예복을 갖추고 긴 행렬을 이루고 계단을 올라 외삼문을 거쳐 승경묘로 이동하는 장엄한 모습에 가슴을 뛰게 한다. 예상 내방객이 관광차 50여 대는 될 것이라는 소문처럼 많은 인파가 발 디딜 틈이 없자, 안내방송을 통해 밖에 비치된 대형 스크린을 통해 행사를 보아달라는 것은 미봉책이지만 안전사고를 예방하려는 행사 진행 측 배려였다.

방문 흔적을 남기기 위해 이곳저곳을 눈에 가슴에 핸드폰에도 담아본다. 행사도 막바지에 이르고 이젠 먼 길을 되돌아 올라와야 한다. 전주비빔밥으로 중식을 하고 돌아오는 길은 작은 아쉬움을 동반한다. 무엇보다 조경단과 경기전을 둘러보지 못한 아쉬움 때문이리라. 다음을 기약하고 돌아오는 길은 왜 이리 더딘 걸까. 주말을 이용한 나들이 차량만은 아닐 것이다. 뿌리를 찾아 떠났던 여행의 마침표를 찍지 못해서일까. 떨어지지 않는 발길로 돌아오는 무거운 발길, 이 알짝지근한 마음을 어이할꼬.

2023. 3.

이별할 것들에 대하여

우리네 삶은 기다림과 이별의 연속이다. 아침을 기다리고, 좋아하는 계절을 기다리고 사랑을 기다리고 그리운 이를 기다린다. 그 많은 기다림 중에서 '어쩌면 나는 이리도 무미건조한 삶을 살아왔었나.' 할 만큼 평범한 삶을 살아왔다. 단지 막연하게 채워지지 않은 무언가를 희구하며 살아왔던 것 같다. 지난날을 무심하게 뒤돌아보니 진정 나는 꿈을 찾는 노력을 해보았던가. 그 소망을 위해 열정을 다했는지 또 노력이 빛을 발한 적이 있었던가. 문득 내 지난 기억들 속에 갈피갈피 잠재워 둔 낡은 노트를 회상해 본다.

잉태와 출산의 순간부터 기다림의 연속이다. 임산부인 어미는 태중에 아이가 건강하게 태어나주길 기다리며 태교에 힘쓴다. 태어나면서부터 시작되는 자식을 향한 일방적 해바라기를 한다. 혼자서 뒤집고 배밀이를 하고 잡고 서다가 비척대며 한 걸음씩

떼는 모습에 시름을 잊는다. 그때부터 어미는 자신의 아이가 다른 아이보다 한발 앞서 나아가기를 기대한다. 모든 게 욕심에서 비롯된 것인 줄 알지만, 부모는 기대와 욕심을 버리지 못하고 맹목적으로 한없이 기다린다. 저 작은 입으로 '엄마'라 불러주기를 고대하고 '다녀오겠습니다.' 배꼽 인사와 함께 유치원 등원을 고대한다. 그 아이가 초등학교를 거쳐 반듯한 교복 차림의 질풍노도 청소년기도 천우신조로 바르게 성장해 주었다. 무한 경쟁 사회에서 잘 적응하고 평범한 사회인으로, 건실한 소시민으로 행복한 가장으로 살아주기를 얼마나 기도했던가.

기도 속에서 커가는 아이들은 어느 순간부터 어미를 밀어내기 시작한다. 청소년기 아이들은 뭐든 다 할 수 있는 어른이 된 줄 착각하지만 세상은 또 만만치 않다. 자신들의 앞날이 모호할수록 미래가 불확실할수록 어미를 밀어내고 아이가 밀어낼수록 어미 집착은 더 심해진다. 그 시기에 내가 그랬던 것 같다. 기성인의 눈, 더구나 어미 시선으로 보는 아들은 백 살을 먹어도 아이라고 하지 않던가. 오래전 이야기다. 일점혈육 외아들을 키우는 사회 친구에게 아이에게 너무 과한 사랑 퍼붓지 말라는 조언을 건넨 적이 있었다. 자칫 아들에게 너무 올인하다가 아들 장가보내고 나서 빈 둥지를 경험하고 힘들어할까 호기롭게 건넨 말이었다. 그때 당시는 지금의 현실을 상상도 못 했고 내 아이가 삼십 중반이 되도록 솔로일 줄 진정 몰랐다.

보통의 젊은이들처럼 연애도 하고 결혼도 하고 내 품을 떠나

새로운 둥지를 틀 것이라고 꿈꾸었지만 아직 이루지 못한 꿈이다. 내가 우려했던 그 친구는 외려 내게 보란 듯이 일찌감치 시어머니가 되고 가끔 만나는 손녀에게 갈급을 낸다. 세상은 참 생각대로 되지 않는다. 내 주위 친구들은 자식들 치다꺼리가 거의 끝나간다. 적정 혼기가 사라졌다고 하고, 결혼보다 자기계발과 개인의 행복을 추구하며 살아간다. 나는 특히나 내 아이들을 정말 좋아하는 사람이었다. 그럼에도 이 생활이 길어지는 것이 견디기 힘들다. 서른 중반 두 아들 돌봄은 인제 그만 졸업하고 싶다. 내 사랑하는 아이들에게서 이탈하고 싶은 이 마음은 뭘까? 내가 너무나 사랑했고 내 아이들로 해서 너무나 행복했다고 말하던 내가 대체 왜 이러는 걸까? 매일 보아도 매일 좋았던 나는 이제 이 굴레를 벗어나고 싶다.

그 모순된 생각에 갇혀 또 한 해를 보낸다. 기나긴 대 감염증 시대와 맞물려 그만그만하던 우울감이 다시 깊어졌다. 친구들 모임도 문우님들과의 교류도 거의 중지되고, 집안 살림도 예전처럼 손 갈 일이 별로 없다. 개인 시간이 많아지고 무력감이 나를 또 힘들게 한다. 산책과 산행에 주력하려 하지만, 생각과는 달리 듬성듬성 마음뿐이다. 모두 다 함께 겪는 일이기에 원망할 대상도 없다. 그러고 보니 거짓말처럼 나도 어느새 육십 중반을 들어서고 있었다. 세월 따라 점점 더 멀어지는 남편, 어쩜 그리도 변하지 않는 걸까? 갓 패 놓은 장작처럼 거칠고 투박한 처음 모습 그대로 고집스레 늙어간다. 돌아보면 아이들 키울 때는 다정한 아빠였다고 믿었는데, 사춘기를 지나 청년 대열에 드는 아이들과 부쩍 줄어든 대화는 데면데면하기 이를 데 없다. 그럼에도 남편의 희끗희끗해진 머리칼을 바라보니 세월이 참 야속 타.

장성한 아들들과의 거리는 그렇다 치고 흰머리와 주름으로 비례하는 세월만큼 추억이 켜켜이 쌓인 남편과의 거리는 왜 점점 멀어지기만 할까. 옛 어른들 말씀처럼 이제 재미있게 살 때가 도래했지만 세월은 나보다 훨씬 부지런했다. 살아온 날보다 살날이 더 적다는 것은 삼척동자도 다 안다. 최첨단 21세기를 살아도 우리 삶은 영원하지 않다. 제아무리 아름답고 화려한 사람도, 돈 많은 부자 장자, 배움이 많거나 짧거나 인생은 유한한 것이다. 대작가 박경리 선생님은 유고 작품집에서 '버리고 갈 것만 남아서 참 홀가분하다.'라고 하셨지만, 나는 아직 마음 비우기가 덜 된 탓일까. 아직도 삶의 바짓가랑이를 잡고 놓기가 쉽지 않다. 내 식탁을 좋아하는 가족들과 내 피붙이, 살붙이, 오랜 세월 정을 주고받은 친구들과 수필이라는 매개로 맺은 문우님들, 이별은 그래서 아직 내게 두려운 단어가 확실하다. 무엇이 그토록 내 발목을 잡는 것일까.

누구나 갈 때는 다 놓고 빈 몸만 간다. 나 홀로 먼 길 떠나면 내 이름 석 자는 과연 누가 기억해 줄까. 문득 함께 드라이브하던 지역 후배가 지금 생각나는 대로 하고픈 말을 해보자고 한다. 좋은 제안이다 싶어 '내가 먼저 떠나도 너무 빨리 잊지는 말아줘. 그래도 한 달은 추억해야지.' 내 우문에 그녀의 깜찍한 현답이다.

'아니 계절마다 추억이 있으니 오래도록 생각할 거야.' 참 예쁜 대답이다. 그 시점에 또 가족들에게 생각이 미쳤다. 남편인들 자식인들 언제까지 또 얼마만큼 나를 그리워해 줄까. 사랑도 미움도 다 놓고 갈 거면서 남은 가족들을 또 생각하다니…….

또 한 해가 간다

수일 전 새 달력이 우편으로 배달되어왔다. 유독 따뜻한 초겨울 날씨가 이어져 연말이 가까움을 인지하지 못했는데, 섣달에 접어들면서 스산한 겨울바람을 온몸으로 맞고 선 듯 달랑 한 장 남아있는 달력이 문득 쓸쓸해 보인다. 그걸 바라보는 내 마음이 쓸쓸한 것일까? 열한 형제를 차례로 잃고 마지막 홀로 남은 녀석이 애처로운 것일까. 빠르게 달려가는 세월이 야속한 예비 시니어는 잠시 그 마음을 달력에 기대어 본다.

가는 세월을 두고 누군가는 나이대 따라 속도를 달리한다고 했다. 그렇다면 나의 인생 속도는 진즉 육십 킬로를 넘어섰을 것이다. 가슴에 꿈을 품은 어릴 적 나는 무엇이 그리 조급했을까. 빨리 어른이 되고 싶었던 때가 있었지만 지나고 보니 그도 찰나와 같다. 숱한 시간을 보내고 중장년에 이르니 재깍거리는 초침소리도 예민한 나이가 되었다. 문득 올 한 해를 헛되이 보내지 않았는지 잠시 지난 시간을 되짚어 본다. 내게 작은 재주라고 하나 있어 작년에 이어 포천 도시재생현장센터 사업 중 하나인 '거슬러 올라간 신읍동 100년 여행' 책자를 만드는 작업에 연이어 참여하게 되었다. 옛 신읍동의 고증을 듣고자 주민들께 자문하고 글로 정리하는 책임을 맡아 봄부터 가을까지 고군분투했다.

지난해는 손 회장님 지도하에 곁에서 보좌하고 거들었을 뿐이었지만 올해는 회장님께 사정이 생겨서 온전한 내 일이 되고 말았다. 덜컥 겁도 나지만 잘 해봐야지 하는 기대감도 없지 않았다. 익숙하지 않은 길을 만난 듯 난항이 예상되었지만, 함께하는 문우가 있어 큰 힘이 되었다. 예상대로 자문할 인터뷰 대상자 선정부터 난항이었다. 물론 필자도 포천 출신이다. 단지 신읍동과 조금의 틈을 둔 소흘읍 사람이어서 어떤 분을 대상자로 모셔야 하는지 전혀 감이 오지 않았다. 무턱대고 연세 많은 분만 찾아다닐 수도 없다. 어떤 분이 어떤 이력과 사연을 가지고 살아오셨는지 전혀 알 수 없어 조급해졌다. 그러나 각양각색 천차만별이라고 했는데 어찌어찌 한 분씩 찾아뵙고 신읍동의 역사를 듣고, 그 시절의 삶과 인생을 들여다보는 귀한 시간을 갖게 되었고 점점 빠져들었다.

뭘 몰라서 더 헤매기도 하고 살아본 적이 없는 시대 상황을 만나면 나도 몰래 두 눈이 반짝여진다. 초근목피로 허기를 달래던 궁핍한 시절을 이겨내신 분들과 기나긴 전시상황을 겪으며 힘들게 살아내신 어른들을 마주할 때는 더욱 숙연해지고 존경스러웠다. 시대가 그랬겠지만 어린 나이에 겪지 않아도 될 고통을 겪은 분들이다. 그렇게 역경을 딛고 선 분들은 더 열정적으로 최선을 다해 살아오셨다. 나 또한 이 작업이 아니면 결코 경험하지 못할 특별한 시간이었다. 초고를 뽑아 대담자를 다시 찾아뵐 때는 두근두근 숙제 검사 맡는 학생이 된 느낌이었다. 지난해 1집에서는 신읍동의 생성 즈음부터 육이오 전후한 민초들의 삶이 주류였다면 2집에서는 육이오를 겪은 세대부터 칠팔십 년대까지의 이야기를 모을 수 있었다. 다음은 어떤 이야기 어떤 사연이 우리를 기다릴지 또 다른 호기심이 출렁인다.

차마 그대로 다 옮길 수 없을 만큼 기막힌 사연에 가슴 먹먹했던 일이며 가슴 아픈 절절한 이야기도 많았다. 아무리 힘들고 어려워도 계절에 따라 꽃은 피고 새는 노래한다. 그 어려움 속에서도 청춘들은 애틋한 연애도 하고 결혼도 했으니 우리네 인생사 희로애락은 삶의 기본이 아니었을까. 첫사랑 그녀를 70여 년 가슴에 품고 살아온 사연을 고백하시며 울컥 더운 눈물을 쏟아내시던 노신사가 앞에 앉은 젊은이를 당황하게 했다. 여리여리한 아가씨가 맏며느리로 탐탁지 않았던 어머니의 반대를 그대로 수용해야 했던 닫힌 시대를 살아내었어도 어머니를 원망하지는 않으셨단다. 부모님 말씀이 곧 법이라는 세월을 살아내었지만, 어머니를 거스르는 불효는 상상도 못 하던 시절이 아니었을까.

어린 나이에 나뭇짐을 져야 했던 팔순 어른은 육이오 당시 형님이 미군 심부름을 해가며 복무를 마치고 돌아왔는데, 입영 영장이 다시 나와 면서기에게 돈도 찔러주고 나뭇짐도 해다 주는 와이로를 써도 기어이 군에 다시 가야 했던 기막힌 사연도 있다. 또 서울에서 택시 운전을 하다 사고를 내게 되어 육 개월을 복역하는 동안 옥바라지를 해준 아가씨와 평생의 연을 맺은 흔치 않은 이야기도 있다. 소위 말하는 3포, 포천 초중고를 졸업한 동향인과 동문끼리 보이는 남다르고 끈끈한 동질감은 다른 이방인들에게는 다분히 배타적으로 비치지 않았을까. 그 어려움을 딛고 척박한 포천 땅에서 성공하기까지 각고의 노력으로 살아왔을 외지인들이다. 휴전선과 인접한 지리적 요건으로 본의 아니게 많은 피난민을 포용하고 받아들인 지역임에도 아픈 사연을 안고 살아온 이방인들이 느꼈을 비애를 생각하며 뒤늦은 위로를 전해본다.

구읍에서 신읍으로, 신읍동 생성에 일조한 싸전과 우전, 그 싸전에서 관구를 지내신 분의 자제분 인터뷰에서는 단 몇 문장이지만, 이전에 전혀 듣지 못했던 시대상을 알게 된 귀한 시간이었다. 우시장이 서는 날이면 부림소를 고르는 농민은 牛廛 마당 곁에 빈 밭을 갈아보는 실기를 거쳐 구매가 이뤄졌다는 이야기도 신기하고 지금도 귀에 들리는 듯 싸전의 한 풍경, 부친을 부르며 '어이 삼봉이 말 좀 잘 되어주게.'라고 부탁하는 이야기는 장마당 풍경의 일면을 보여준다. 그런 부친을 보고자란 모범생 아드님은 가끔 작은 일탈을 했어도 맡은 자리에서 최선을 다하는 바른 직장인으로 멋진 가장으로 살아오셨다. 이 작업 중에 전혀 생각지도 않았던 횡재를 만났다면 그분이 정리하신 포천성당의 역사를 만날 수 있었던 점이다. 개인이 수년에 걸쳐 성당의 뿌리를 찾아내고 일목요연하게 정리하신 것에 깊은 감동과 존경을 표한다.

많은 사람의 추억을 간직한 경향극장에 대해 듣고, 잘나가던 무용수가 극장 영상 기사님의 아내가 되었던 사연도 들었다. 구한말 '경방단'이라는 명칭에서 포천 의용소방서로 명칭이 변경되던 시기와 내력, 장비를 하나둘 장만하던 사연들이며 초창기에 포천축협 이야기도 들었다. 지난해에 이어 포천의 많은 민초들이 살아가는 모습을 담을 수 있게 되어 설레었다. 아쉬움도 많고 서툰 감이 없지 않지만 원고는 이미 내 손을 떠났다. 아쉬움과 여운을 남긴 채 '거슬러 올라간 신읍동 100년 여행' 2집이 곧 발간될 것이다. 특별한 경험을 한 만큼 기대감도 적지 않다. 머잖아 만나게 되겠지만 아쉬움이 남는 걸 보니 무슨 일이든 백 프로 만족은 없는 것인가 보다.

2022. 12.

이탈리아 기행, 수박 겉핥기

5월 10일, 열세 명 사촌들과 14일간의 여정이 시작되었다. 장기 비행이 살짝 겁도 났지만, 이후에 만난 로마의 하늘은 얼마나 푸르고 아름다웠던가. 이탈리아라는 지형적인 요인 때문인가. 하늘이 낮아 유독 하얀 구름은 뚝 떼어 입에 넣어보고 싶은 만큼 깨끗해서 보는 내내 탄성을 자아내게 한다. 미세먼지와 황사로 여간 보기 힘든 내 나라 하늘빛이 결코 아니었다. 크루즈는 크루즈대로, 이탈리아 남부 여행은 남부 여행대로 의미가 깊다. 명품과 패션의 나라 유적이 살아있는 나라 이탈리아다.

현지 가이드 표 君은 88년생이란다. 작은아들과 같은 나인데 퍽 어른스럽다는 느낌이었다. 그는 이탈리아 유학생에서 이탈리아의 역사와 관광산업을 소개하는 현지 가이드가 되었다. 그는 어떤 매력에 빠져 이곳에 잔류한 걸까. 석사 박사는 내 던져두고 이탈리아 역사를 공부하면서 고국에서 날아드는 여행객 길 안내

자가 된 사연도 궁금하다. 버려진 쌍둥이를 늑대가 키웠다는 로마 건국신화에 대해 듣고, 폼페이를 향해가던 길에 늘어선 멋진 침엽수에 대한 설명도 듣는다. 소나무와 잣나무를 교접하여 만들어진 수종으로 높다란 키에 우산같이 펼쳐진 그늘은 전쟁과 더위에 지친 군인들에게 자연 막사가 되어주었다는 이야기다. 지친 병사들을 위해 더위를 식혀준 나무가 이탈리아의 상징처럼 되어있었다.

A1 고속도로

우리 경부고속도로의 생성과정은 눈물 없이 들을 수 없다. 그분의 존함을 거명하는 것조차 다른 이의 눈치를 보아야 하는 시대가 되었지만, 그 대통령은 독일의 아우토반을 달리며 그들의 고속화된 도로를 보며 빠른 물류 흐름을 한눈에 그려보고 가슴이 뛰었을 것이다. 처음엔 그렇게 독일의 고속도로를 벤치마킹할 것을 고려했을 터였다. 그러나 이탈리아의 '에이 원 고속도로'를 표본으로 삼았다는 이야기는 이번 여행으로 처음 알게 된 사실이다. 이탈리아는 우리와 닮은 요소가 많다. 삼면이 바다로 된 반도 국가인 것도 우리 민족처럼 낙천적이고 긍정적인 민족성도 거의 같다. 폼페이를 만나러 가기 위해 달리던 고속도로는 정말 경부고속도로의 생김과 똑같아 신기했다. 산이 있으면 터널이 뚫려있고 좀 지루하다 싶으면 휴게소가 있었다. 물론 우리나라만큼의 활성화된 휴게소는 아니지만 가장 중요한 화장실도 있고 허기를 달래고 입맛을 다실 간식이 있는 휴게소였다.

폼페이와 나폴리

영화로도 만들어진 아픈 이야기 '폼페이 최후의 날'처럼 폼페이 시내 전체가 사라진 사상 최대 최악의 화산 폭발은 곳곳에 유적을 만들어냈다. 일가족의 생생한 순간이 화석이 되어서 지나는 이의 발길을 붙잡는다. 어린아이가 어머니를 향해 건너오려는 다정한 일가의 모습이 화석으로 남아 소름이 돋는다. 얼마나 긴박한 상황이었을까. 달리는 말이 그대로 화석이 되어 후세 사람들의 안타까운 눈빛을 받고 누워있다. 이천년을 지나 다시 깨어나 금방이라도 꿈틀거리고 일어나 달릴 것만 같은 말 화석은 무어라 형언하기 어렵다. 한때의 번영을 예상하게 만드는 빼곡한 상가들, 바닷사람들을 향해 호객행위를 했을 상점들이며, 유곽들이 촘촘히 들어차 있다.

오랜 시간을 바다 위에서 생활하다가 뭍에 올라와 넉넉해진 전대를 털어 유곽을 찾아 술을 마시고 여자를 사고 그러다 가족들 품으로 돌아가는 뱃사람들을 그려봄직하다. 폼페이의 아픈 역사를 돌아보고 밖으로 나오니 밖은 꽃양귀비 벌판이다. 꽃반지를 만드는 토끼풀이며 계란 꽃이라 불리는 망초 꽃, 이역만리 떨어진 곳인데 식물은 거의 다 비슷비슷해 정겨웠다. 화려한 꽃양귀비는 우리나라에도 육성 관광 자원화하는 걸 볼 수 있다. 사진을 오래 남기려는 일행들을 향해 '그만, 그만, 쯔쯔가무시 걸려!' 버럭 현실을 일깨워주는 사촌오라비 일갈에 다들 화들짝 놀라 툭툭 털고 일어났다.

폼페이에서 기차를 타고 나폴리로 이동했다. 세계 3대 미항이라는 나폴리의 오후, 가는 날이 장날이라나, 나폴리는 마라톤, 사이클 등의 축제 같은 지역 행사가 진행 중이어서 열기가 한창이었다. 마을 축제인지라 교통통제를 해 기차로 이동을 한참이나 하였다. 골인 지점에는 사람들이 줄지어 언제가 될지 모르는 선두주자들을 기다리고 있었다. 좁은 시장 골목을 따라 시장 구경도 하고 몇몇은 바닷가를 돌며 눈도장을 찍고 오기도 했다. 시장에 파는 물건이야 우리나라와 별반 다르지 않았지만 더운 나라여서 그런지 옷감이 잠자리 날개 같은 재질이다. 독특한 문양들도 우리와는 거리가 있다. 가죽제품이 유명하다더니 가죽 냄새가 훅 끼쳐오기도 했다. 거기에 더 놀라운 사실은 운전자들을 위한 규제였는데 운전을 마친 뒤에는 11시간의 휴식시간이 법제화되어 있다니 신기했다. 충분한 휴식을 법으로 규정해 운전자들을 보호한다는 법 제도는 우리도 배움직하다.

시비타 디 반요레쪼, 피렌체 대성당, 오르비에또 두오모성당

두 번째 날, 비가 내리다 멈추기를 반복하지만 그리 나쁘지 않았다. 시비타 디 반요레쪼, 역시나 2500년 전 성곽이라니 놀랍지 아니한가. 표 가이드의 설명대로라면 그들은 참으로 유물과 유적관리를 참 잘한 민족이었구나 부러움과 질투가 일었다. 지금은 높다라니 오뚝하게 서 있지만 천야만야한 산자락에 마을이 보이는 것으로 보아 이천년이 넘는 동안 지형이 많이 변형되었겠구나 싶었다. 가는 비를 맞으며 자리를 떴다.

두오모라는 말은 돔에서 나왔다고 하듯 성당의 지붕은 모두 돔 형식이었다. 오르비에또성당을 찾아가는 골목은 그리 어렵지 않았다. 작고 검은 몽돌들이 깔려있는데 빗길에도 미끄럽거나 위험하지 않았고 물 빠짐이 잘되어 다니는데 무리가 없었다. 문양을 만들려고 한 것일까? 부채꼴 모양으로 수없이 박아놓은 작은 몽돌들을 이어 붙이는데 얼마나 많은 시간과 공을 들였을까. 눈 가는 곳마다 이천 년 전 유물이요 유적이라니 귀히 여기고 잘 보존해서 관광자원이 되었으니 그들은 성공한 후손들이다.

미켈란젤로 언덕

지난밤 비를 맞으며 오르비에또 두오모성당 골목과 명품거리를 걷던 기억들을 뒤로하고 베네치아를 향해 버스는 달린다. 표가이드가 뷰가 너무나 아름다운 곳이니 이곳에서는 사진을 꼭 남겨야 한다고 버스를 멈춰 세운 곳이 미켈란젤로 언덕이다. 그 언덕에서 내려다보니 지난밤 추적이는 비를 맞으며 성당 주변과 명품거리를 끝없이 걷던 기억이 눈앞에 펼쳐진다. 잠시 멈춘 빗줄기에 만들어진 쌍무지개를 보며 환호하던 거리가 한눈에 내려다보였다. 이렇게 손쉽게 만날 수 있는 풍경을 오후 내내 비를 맞고 걸었구나. 약간은 손해 본 느낌이었지만, 앞서거니 뒤서거니 걸음을 재촉하며 성당 언저리와 명품거리를 걸었으니 그걸로 족하다. 집에서 보는 여행 프로그램과 생생한 나의 발품이 어찌 같단 말인가.

오, 지중해

미켈란젤로 언덕을 지나 한참을 달려 만나게 된 중형급 크루즈와 꿈에 그리던 지중해에 짙푸른 바다, 낭만의 바다, 꿈의 바다, 지중해를 나는 예순다섯에 보았다. 그 푸른 물 풍경을 어디다 견줄 수 있을까. 그 어떤 파스텔이나 최고급 물감으로도 흉내 낼 수 없을 것 같은 물빛이다. 어린 날 손가락에 묻어나던 크레용으로도 만들 수 없는 그 물 풍경, 짙푸른 잉크를 쏟아놓은 듯한 지중해 물빛을 나는 평생 잊지 못할 것이다. 망망대해를 나아가는 집채만 한 크루즈를 내 평생 다시 또 탈 수 있을까. 다시 만난다면 그때의 물빛이 아무리 짙푸르러도 오늘의 바닷물은 아닐 것이다.

크로아티아의 작은 마을 스플릿을 경유해 잠시 땅을 딛고 크로아티아의 맥주 맛도 보고, 이튿날 종일 항해를 하고 만난 에게해와 그리스 미코노스섬과 다음날은 산토리니도 밟아 보았다. 동화의 한 장면, 장면 같은 산토리니를 벗어나며 바위산을 사진에 담는데 나만의 해석일 수 있으나 커다란 콘도르가 바다를 주시하고 선 것 같은 바위 그림에 가슴이 뛰었다. 산토리니를 수호라도 하는 듯 생생한 모습이었다. 지중해를 다시 거슬러 올라 이탈리아 앙코나에 정박은 했으나 짧은 시간 관계상 하선하는 관광객만 내릴 수 있어 아쉬웠다. 바라보기만 하고 발길을 돌려야 했던 이 작은 마을은 너무나 예뻐서 한 번쯤 살아보고 싶다는 간절함이 묻어나는 곳이었다.

베네치아

일주일 만에 크루즈를 하선하고 찾은 수상 도시, 운하의 도시, 곤돌라의 도시 베네치아다. 시내 전체가 수상 버스 수상택시를 타고 가다가 원하는 곳에 내려 투어하는 구조다. 베네치아의 상징 작은 곤돌라에는 드물게 신혼부부나 둘 셋 여행객들을 태우고 노를 젓는 것을 볼 수 있었다. 골목에 물이 찬 모습은 TV에서 보이던 풍경과 같지만 신기한 것은 여전했다. 그들은 어떻게 이런 수상 도시를 만들어 낼 수 있었을까. 한없는 경외감에 신비했다. 바닷물에 강하다는 백향목을 심고 백향목 말뚝을 박고 만들었다는 수상 도시, 그 백향목의 성질을 처음 발견한 이는 누구였을까? 그렇게 수상 도시를 만들어낸 옛 베네치아인들이 존경스럽다. 집채만 한 크루즈에서 내려 작은 수상 버스를 타고 움직이니 기분이 묘하다. 그림 같은 곤돌라에서 노를 저으며 승객을 위한 낭만적인 아리아를 불러주는 상상과 기대를 해보았지만, 브라운관에서 봤던 멋진 그림은 상상일 뿐 그런 그림은 연출되지 않았다. 그러나 베네치아 매력은 충분히 느낄 수 있었다.

한인 식당, 맘마코리아나

집 떠난 지 열사흘, 로마역 근처 멀지 않은 곳에서 우리는 한인 식당을 만날 수 있었다. 인당 17유로면 싼 가격도 비싼 가격도 아닌 것 같다. 그 무엇이 메뉴이든 반가울 것 같은데 여러 음식을 접할 수 있는 한식뷔페였다. 호~불면 날아갈 듯한 밥 같지 않은 밥을 보다가 찰기 있는 쌀밥을 보는 것만으로도 입맛이 돈다. 가벼운 된장국에 무생채와 두부조림, 닭강정에 제육과 잡채까지 잔칫상 같다. 시큼한 총각김치 볶음은 집에서 먹던 밥상을 떠올리게 하고, 기호에 따라 김치찌개를 따로 주문해 먹을 수 있으니 내 집처럼 편안하고 반가웠다. 중년 여주인은 온양에서 나고 지금 친정은 천안이란다. 이탈리아 생활 20년이요 식당 영업 2년 남짓이라는데 내국인, 외국인 할 것 없이 빼곡한 손님은 한식 인기를 말해준다. 길 떠난 여행객들과 유학생들에게 큰 위안이 될 것이 확실해 보인다.

트레비 분수와 스페인 광장

오랜만에 그리던 한식으로 배를 채웠으니 포만감을 안고 기쁘게 하루 일정을 마무리했다. 그러나 가이드는 우리에게 더 많은 것을 보여주고 싶어 하고, 지친 여행객들은 뽀송뽀송한 시트에 누워 단잠을 청하고 싶었을 것이다. 하지만 세계적 명소 트레비 분수라는 매력적인 단어에 발품을 팔기로 한다. 관절에 무리가 간다는 일행은 숙소로 향하고 우리는 발길을 재촉했다. 이십 분이 삼십 분이 되고, 삼십 분이 한 시간이 넘어도 분수는 보이지 않는다. 가는 길에 만난 스페인 광장은 영화 '로마의 휴일' 무대가 되었다는 곳이다. 스페인대사관이 지금의 스페인 광장이 되었다는 아름다운 곳을 벗어나고도 한참을 더 발길을 재촉해 드디어 웅장하고도 거대한 트레비 분수를 만났다. 가슴이 뛰고 마구 설렌다. 자정이 넘은 밤늦은 시간임에도 가히 명칭에 걸맞은 인파다. 그것이 바로 트레비 분수의 명성이었다.

로마시티 버스투어

돌아오는 날은 저녁 비행이니 이른 아침부터 서둘러 로마 시티투어에 나섰다. 2층 버스로 된 관광 전용 버스는 버스 벽면에 설명 가능한 국가를 국기로 표시되어 있어 우리는 태극기가 선명한 핑크 버스에 올랐다. 주파수를 12번에 맞추니 로마 거리에 대한 설명이 우리말로 흘러나왔다. 1번 정류장에서 타고 가면서 로마 거리 관광을 손쉽게 할 수 있었다. 지난밤 발품을 팔아서 만났던 스페인 광장과 트레비 분수는 멘트에는 있었지만, 그곳까지 경유하지는 않아 지난밤 가이드의 마음을 읽을 수 있었다. 2, 3, 4, 5번 정류장을 지나면서 우리는 로마의 역사 콜로세움도 흐르는 풍경으로만 보고 사진으로만 남겨야 했다. 여섯 번째 정류장에서 내려 바티칸시국으로 가는 길에 들어섰다. 거리에는 이른 시간임에도 벌써 줄지어 선 인파가 인산인해다. 드디어 바티칸시국이다.

도시 속에 국가 바티칸시국, 베드로 광장과 대성당, 바티칸박물관

성당은 관람 불가이니 박물관에 중점을 두었다. 나는 종교인은 아니다. 그럼에도 그 많은 성화며 청동과 대리석 조각상들을 보며 가슴이 뛰기 시작했다. 저 거대한 성화와 신화를 품은 조각상들을 어떻게 해석해야 할까. 버스투어에서 받은 이어폰에 장비 하나를 더 얻어 알고자 하는 그림에 번호를 클릭하면 그대로 해석이 되어 흘러나왔다. 한도 끝도 없는 줄을 따라 많은 인파에 떠밀려 어느 방에 이르렀을 때는 십자가에 못 박힌 예수상에서 풍기는 경외감으로 온몸이 떨려오고 소름이 돋았다. 그곳에서는 사진 촬영이 금기시되어 안타까움만 자아냈다. 내 평생에 다시 또 볼 기회가 주어질 것인가. 그럴 것 같지 않으니 눈에 가슴에 고이 가두는 것으로 매듭을 지어야 했다.

나에게 이탈리아란

수박 겉핥기처럼 듬성듬성했던 여행이었지만 이탈리아란 참으로 신기한 곳이다. 우리나라 6~70년대처럼 돈 받는 화장실도 놀라움이었지만, 식당에서 음식을 사 먹어도 별도의 물값을 계산해야 했다. 도대체 이런 박한 인심이 어디에 또 있을까 싶지만, 여행객들에게 물 인심을 쓰지 못할 정도로 석회질 물이라면 해석을 달리해야 하지 않을까. 표 가이드는 시내 전경이며 주민들의 삶을 보면 우리나라 8~90년대 생활상 같은데 G7 국가라는 것이 믿어지느냐는 질문을 몇 번이고 되묻는다. 그런 그도 로마 매력에 빠져 벗어나지를 못하고 있으면서 말이다. 남녀노소 아무 데서나 담배를 피워 물 수 있는 흡연자들의 천국이요, 음악가들이 길거리에서 버스킹 하는 낭만주의자들의 천국 이탈리아다.

세계 아무 곳에도 없을 것 같은 0층이 있는 나라, 엘리베이터를 타고 놀란 것은 0층 표기였다. 실인즉 어느 해 우기가 길어져 물 폭탄을 맞은 로마 시내가 수몰되는 불행을 맞았고 그때의 불행을 잊지 않으려는 의지로 0층을 표기한다는 것이다. 1층이라고 표기한 만큼 건물이 물에 잠겼었다니 얼마나 큰 천재지변이었는지 감히 짐작도 어렵다. 그 아픔을 겪고 오늘에 이르렀다는 사실을 듣고 보니 로마인들의 의지가 얼마나 위대한지 알 것만 같다. 시련도 아픔도 인간이 이겨낼 만큼 주시는가 보다.

가이드는 틈날 때마다 소매치기에 대한 경각심을 일깨워주었다. 여유로운 그들의 일상에 믿기지 않은 일이었지만 인파가 모이는 곳에서는 특히 조심하라는 이야기였다. 기차 이동을 할 때 드디어 우리 일행은 세 사람이나 가방이 열리는 놀라운 경험을 했다. 미리 대비해서인지, 천우신조였는지 아무도 피해를 보지 않아 천만다행이었다. 로마 전체가 유적이요 역사의 산물이었지만, 우리의 역사도 이탈리아 못지않은 오천 년의 긴 역사를 지니고 있다. 다만 우리는 유적을 잘 관리하지 못한 불운한 후손이다. 빈번히 당한 외침과 무자비한 전쟁으로 원형을 잊어버리고 문서로만 남았으니 할 말이 없다.

육지 여행 사흘, 크루즈 타고 일주일, 정박하는 곳마다 발길을 내디딜 수 있어 나름으로 밋밋하지 않고 아기자기해서 좋았다. 그리고 또 이박 삼일, 하루하루 날이 갈수록 다소 지쳐가는 동기간들이 있었지만, 감기몸살 약이 필요하면 누군가 감기약을 내밀고, 피부 알레르기약이 필요하면 누군가 또 연고를 내민다. 저마다 챙겨간 파스도 나누고 상비약을 나누면서 우애도 함께 다질 수 있으니 이런 기회가 어디 또 있으랴. 사촌들 간의 이 같은 시간이 언제 또 주어질까? 모두에게 좋은 추억으로만 기억되었으면 좋겠다. 우리나라와 닮은 지역과 역사와 유적을 간직한 나라, 관광지를 듬성듬성 건너뛰듯 여행했지만 언제고 다시 돌아보고픈 나라 이탈리아다.

에필로그

3집 발간에 앞서 졸고를 추리고 분류하다 보니 얼굴이 화끈거려 온다. 대 감염증 시대를 지나온 이야기가 많은 듯하여 더러 제외하고 보니 이번엔 나 자신에게 포커스를 맞춘 자전 에세이가 되고 말았다. 작품세계가 너무 평이하지 않나, 하는 자기검열의 결과는 이 모든 것이 코비드19의 영향이 아닐까 자기 합리화를 하게 만든다. 그래서일까 시야가 좁아진 탓을 외부요인으로만 돌리려 하는 나 자신을 발견하게 된다. 이 얼마나 부끄럽고 민망한 일인가.

그럼에도 나는 부끄러움을 무릅쓰고 부모님 이야기를 쓰지 않으면 안 되었다. 부모님과의 화해가 절실하기도 했다. 언제까지나 가슴속 응어리를 품고 살아갈 수는 없는 노릇 아닌가. 생전에 두 분을 떠올리는 것만으로도 늘 가슴을 저리게 했다. 자랑하거나 내세울 것 없는 지난 세월을 미화하지 않고 여과 없이 담아낼 수 있을지 작은 용기가 필요했다. 지우고 싶은 지난날을 꺼내는 일이 쉽지만은 않다. 누구라도 살아본 길을 다시 가지 않기에 실패와 좌절을 경험하지만, 시행착오라는 단어에 가두고 위안을 삼기도 한다. 오래전 가고 아니 계신 부모님이시니 생각의 끝은 언제나 그리움이다. 수필에는 여러 순기능이 있지만, 수필이야말로 진정한 화해의 문학이라는 것을 나는 믿고 있다. 떨쳐내고 털어 내는 오늘에서야 비로소 나는 두 발로 서게 되리라.

3집 작업을 통하여 부모님과의 진정한 화해를 할 수 있게 되기를 소망한다. 수필인으로서 발전적이지 않은 이야기라서 다소 진부하지 않느냐는 날 선 지적도 달게 받을 것이다. 나는 글을 쓰는 사람이다. 그럼에도 나의 지난 이야기를 담아내는 데는 작은 용기와 결단이 필요했다. 이 작은 용기를 낸 것에 나는 부끄러워하지 않으리라. 내 삶의 버팀목이었으며 내 인생의 자양분이 분명하다는 것을 알고 있다. 단단한 알곡도 껍질을 깨고 나와야 새싹을 틔운다. 무심한 듯해도 3집 출간이 있기까지 말없이 배려해 준 남편과 두 아들에게 고마움을 전한다. 세상 밖으로 나올 준비가 되었는가. 마음을 다잡고, 있는 힘껏 떡잎을 밀어 올려본다.

2023. 8. 이운순

이운순의 수필세계

- 바이오필리아와 토포필리아의 교직

권대근

문학평론가, 대신대학원대학교 교수

I. 들어가며

문학은 언어를 통해 구축된 삶의 실상이다. 그 안에는 살아 움직이고 있는, 강한 의식의 주체들이 선한 지향성을 가지고 자신에게 주어진 삶을 꾸려나가고 있다. 인간은 무엇인가에 자신을 몰입시켜 그 안에서 보람과 행복을 찾고자 한다. 포천의 작가 이운순도 마찬가지다. 세 번째 수필집 〈쭉정이의 반란〉을 내면서, 인생의 터닝포인트를 맞은 그녀는 이제 자신만의 독특한 칼라를 드러내는 데 몰입하고자 한다. 몰입해서 하는 일이란 가치 있는 것이다. 시인 보들레르는 인간은 어느 하나에 미쳐야 한다고 했다. 이운순의 수필 안에는 크게 두 가지 흐름이 공존하고 있다. 물론 그 세계에는 압축된 삶의 진한 영혼이 서려 있다. 그 영혼을 만나기 위해 이운순은 삶의 근원을 찾아 나선다. 바로 바이오필리아와 토포필리아의 환상적 교직이다. 작가는 유년 시절을 통해 자신만의 인생론을 펼치고, 자신이 발을 딛고 있는 영역의 그 순수와 향기를 영원히 간직하기 위해, 자조문학인 수필의 매력을 힘껏 발산한다.

하버드대학의 쿠퍼랜드 교수는 훌륭한 수필가는 구경꾼이요, 방랑자요, 게으름뱅이여야 한다고 했다. 삶은 누구에게나 벅차고 힘든 것일 수밖에 없다. 누구나 혼자이기 때문이다. 그래서 어느 시인은 외로우니까 사람이라고 했다. 혼자라는 사실을 애써 부정하기 위해 인연이라는 끈을 통해 남과 나를 하나로 묶더라도, 열정이 없으면 그것은 애착에 지나지 않는다. 이운순의 시선에는 온갖 사연이 담긴다. 사연과 일종의 인연 맺기다. 인간은 누구나 무엇에 의지해 자기를 지탱해 나갈 수밖에 없는 나약한 존재다. 따라서 언제나 자신의 가슴을 안온하게 감싸줄 수 있는 따뜻한 둥지를 찾아 나선다. 그 둥지의 실체는 사람일 수도 있고, 또 다른 존재일 수도 있다. 무엇인가에 열렬히 집착하거나 몰입하는 것은 둥지를 마련하기 위한 하나의 방편이다. 이운순에게 그 대상은 거창한 무엇이 아니라 소박하게 자기 본연의 자세를 다지겠다는 생의 가치다.

인생의 깊이를 가진 사람들이 자신의 생에 대한 반성적 성찰을 통해 위기의 삶을 창조적으로 전환해야겠다고 피력하는 것이라든지 또는 튼튼한 삶을 더 튼튼히 다지겠다고 노력하는 모습은 너무나도 아름다운 인간화의 길이라 할 수 있겠다. 이운순이 세상에 내어놓는 〈쭉정이의 반란〉은 아마도 바이오필리아와 토포필리아적 세계를 형상화한 작품집이라는 독특한 위상을 갖게 될 것 같다. 이 수필집은 생명과 향토의 교직이라는 나름의 칼라를 가지고 있어서 더욱 의미 있다. 수필은 제한된 지면 안에 주제를 내면화해야 하고, 형상화해야 한다. 이운순의 수필은 적절한 변주와 다양한 전개의 표현 기법을 통해 일정한 문학성을 담보하고 있다는 측면에서 여타 수필집의 한계를 잘 극복하고 있다고 하겠다. 이제 삶의 바다에 낚싯바늘 같은 물음표를 던지는 이운순의 수필세계로 빠져보겠다.

II. 삶의 흔적과 그림자

수필은 더욱 윤기 있는 터치를 통해 일상에 그 빛깔과 체취를 더함으로써 새로운 감동을 발아시키는 작업이다. 수필의 윤기는 문학 언어를 사용해서 화려하게 윤색을 하는 것으로 되는 것은 아니다. 그것은 얼마나 진솔하게 자신의 속내를 드러내느냐 하는 점과 인생의 가치와 의미에 대해 따뜻한 눈을 갖느냐는 기준에 의해 평가된다. 이운순은 수필가이면서 동화작가이기도 하다. 이운순에 있어서 수필을 쓰는 일은 자기 자신을 만나기 위한 모색의 일환이다. 그녀는 한정된 시간을 사는 동안 영원히 기억될 무엇인가를 위해 삶의 현장을 누비며 열정을 바치는 사람으로 보인다. 그녀는 무엇인가를 자기 이상으로 사랑한다. 이운순이 문학에 심취하는 것은 자아실현의 한 방편일 것이다.

그녀는 쉰둥이의 넷째 딸로 태어났다. 머리숱이 아주 적었고 볼록한 뒷박이마에 훌렁 벗겨진 머리 때문에 '붉은 언덕'이라 놀림을 받고 자랐는데, 그런 자신을 '쭉정이'라 표현했다. 학교시절 음악과 작문 시간을 좋아했고, 책 읽기를 좋아하면서 문재를 키웠고, 방송대 국문과에 적을 두면서 수필가의 꿈을 키우다가 계간 에세이문예 신인상으로 문단에 등단했다. 에세이문예 부설 문예대학, 문학신문사 문학연수원 수필반, 정독도서관 수필반, 포천문인협회 포천문예대학 문예창작 과정 등 끊임없이 문학을 공부하고, 지금도 여러 과정을 밟고 있다. 그녀는 그런 노력의 결과로 첫 수필집 발간으로 청향문학상 대상을 받았다. 등단 후 본격수필토론회 대상작가로 그녀의 문학과 삶은 크게 조명받았고, 이온겸의 문학방송에도 출연하였으며, [포천시 문화예술 발전지원금 수혜자로(2016)], [경기문화재단 2020 선정작가], [포천문화관광재단 포·도·당 출간지원금(2023)] 연이은 쾌거로 주목을 받기 시작했다.

수필가 이운순은 한학을 하신 선친으로부터 엄한 교육을 받아 누구보다 예의 바르고 올곧고 반듯한 사람으로 성장했다는 평가를 받는다. '어른 앞으로 지나가지 마라.' '누워 있는 사람 타 넘지 마라.' 등의 사소한 가르침부터 평소의 언행에 대해서도 엄격한 지도를 받았다. 수필을 쓰면서도 늘 지난날을 반성적으로 성찰하며, 인생을 보람 있고 가치 있게 살았으면 하는 소망을 갖는다. 수필다운 수필 쓰기가 어렵다고 창작을 게을리하지 않고, 꾸준히 수필을 써가는 부지런한 작가로서 저력을 발휘하여 오히려 젊은 작가들을 게을러 보이게 한다. 산업화의 물결로 인간이 기계화되고 인구급증에 따라 기존의 가치관도 많이 변모되었다. 이로 인해 우리 사회는 어떠한가. 한마디로 선비 정신이 그리운 시대다. 이운순은 포용력을 가지고, 의젓하게, 베풀면서 살아가고 있기에 후배 작가들로부터 존경을 받고 신망의 대상이 되고 있다.

III. 이운순의 수필세계

1. 생태, 생명과 평화, 바이오필리아에 대한 애착

문학은 어느 의미에서 사회 현실을 배경으로 전개되는 인간 행위의 기록이다. 그 안에는 어떠한 형태로든 삶을 더욱 견고히 구축해 나가려는 의지와 그 실천자의 모습이 드러나게 되어 있다. 문학은 단순한 자기애의 표현 수단이 아니다. 수필이 갖추어야 할 요건 중의 하나가 인식이다. 인식은 작가의 사회적 의식이요, 문학적인 힘이다. 여기서 말하는 힘은 물리적인 힘이 아니라 문학 속에 내재하는 강력한 에너지다.

수필 〈슬픈 해바라기〉는 인간의 근원적인 가치와 본질을 규명하려는 설득적 지성이 담겨 있고, 이것이 바로 문학의 힘으로 작용하고 있다고 하겠다. 이운순의 수필을 관통하는 한 사상은 생태적 상상력이 인간 주변의 세계를 지각하는 데 영향을 미치며, 그리고 그러한 인식에 기반한 지각이 인간의 환경에 대한 선호와 이상향, 더 나아가서는 공간을 조직하는 데 영향을 끼친다는 것이다. 바로 환경-인간 사이의 관계와 미학론인 바이오필리아다. 초록 이미지의 축제 공간이 베푸는 자연친화적 경향은 이운순 수필의 여러 작품에서 볼 수 있다. 그녀의 수필은 녹색 대자연이 베푸는 잔치를 인생과 결부시켜 의미화하려 했다는 점에서 식물성적인 이미지를 갖고 있다. 문학은 절실함에서 비롯되고, 그를 자양분으로 해서 커나가는 것이기에 생명에 대한 절실함,

평화에 대한 그리움이 있어야 결실의 조건이 충족된다. 많은 수필이 생태 문제와 평화를 지향하고 있다는 데서 그녀의 생명존중 사상을 그대로 엿볼 수 있다.

문학은 한 시대의 구성원이 지닌 고유한 정신이며 체온이고, 도도한 흐름이어야 한다. 그 시대와 역사를 담당하고 있는 구성원이 무엇을 갈망하고, 무엇을 위해 자기의 희생을 소진하며, 그들에게 가장 가치 있는 것이 무엇이었는지를 파악할 수 있는 수단이나 도구의 하나이기에, 문학으로서의 자기 모습을 견고하게 유지해야 한다. 이운순은 한반도의 휴전선 부근 포천에 사는 작가로서 누구보다도 분쟁에 민감하다. 작가는 반 고흐의 명작 '해바라기' 그림을 통해 전쟁의 참상을 제대로 이해하고, 평화로운 삶에 대한 인류의 소망을 전해주고자 한다. 러시아-우크라이나 전쟁이 언제 끝날지 모른다. 이운순 글을 읽으면서 절실히 느끼는 것은, 세계가 너무 이기적이라는 점이다. 인간의 욕심이 부른 참상이라는 지적이 날카롭다. 전쟁은 악이라는 그의 지론은 설득력이 강하다. 우크라이나를 열렬히 응원하는 작가의 마음이 곧 우리 모두의 소망이 아니겠는가.

반 고흐의 명작 해바라기 그림이 아니라도 커다란 해바라기 그림 액자는 거실 벽면을 장식한다. 해바라기는 보기에도 아름답고 평화롭지만, 행운을 불러준다는 설까지 더해 해바라기 그림과 함께 해바라기 조화 또한 널리 쓰이고 있다. 그뿐인가. 세계 곳곳 주방에 내집 싱크대 양념 칸에도 해바라기 식용유가 자리해있다. 대부분 그들나라 너른 들에서 수확한 해바라기일 것이다. 그 황금빛 해바라기가 지금 미소를 잃고 슬픈 해바라기가 되었다. 전장(田莊)을 떠나 戰場으로 떠난 농부들이 다시 들판으로 돌아오기를 기다리는 슬픈 그림이 되었다.

〈슬픈 해바라기〉 중에서

이 수필을 감상하는 하나의 포인트는 국수주의, 민족주의가 우리 삶과 사람의 감수성의 형태를 어떻게 바꾸었는지, 그리고 전쟁 이후 어떤 삶의 전략이 가능한지를 중점적으로 살펴보는 데 있다. 러시아와 우크라이나 전쟁은 '평화 따위는 없다. 있는 것은 우리 민족의 번영뿐이다.'라는 슬로건 아래 독재자 푸틴이 다른 나라와 세계를 대하는 태도와 감수성을 통째로 바꾸어 낸 비극의 드라마다. 소위 말하는 '인간의 죽음과 속물화'의 경향이 스펙터클한 사회와 맞물려 어떻게 진행되었고, 그 결과 통째로 우리가 어떻게 '인정사정 볼 것 없다.'라는 상태, 폭력과 야만의 사회로 진입하였으며, 이 이후 삶의 양식은 어떻게 될 것인지를 같이 고민해 보려고 하는 데에서 이 수필의 특징을 찾을 수 있다. 특히 인용 예문에서 볼 수 있듯이 해바라기가 '전장(田莊)을 떠나 戰場으로 떠난 농부들이 다시 들판으로 돌아오기를 기다리는 슬픈 그림이 되었다.'는 표현은 이 수필의 압권 중 압권이다.

순간순간의 삶에 성실하고 스스로 부끄럽지 않은 삶을 살고자 하는 각고의 작업을 우리는 자아 성찰이라 한다. 수필을 원숙한 인생의 문학이라 하는 소이도 여기에 있다. 전 세계인의 삶에 커다란 영향을 미치는 전쟁의 참상에서 평화 사상을 관조하고 거기에서 공생 공영의 길을 찾아보는 이야기를 주제로 수필화했다는 것은 매우 바람직한 일이라 할 수 있다. 올바른 비판적 사고는 특히 대상에 대한 새로운 견해를 제시하는 글에서 매우 중요한 역할을 한다. 옳고 그름을 따져 보는 태도는 잘못된 기존의 개념이나 관념을 새롭게 바꾸는 좋은 방법이다. 이 수필뿐만 아니라 글 대부분에는 작가정신이 번득이고 있다. 고장이 난 세상을 새롭게 태어나도록 해야 한다는 작가의 외침은 여기서만 아니라 곳곳에 수두룩하다. 삶에 부딪혀 체득한 여러 가지 역사적, 시대적 상황들을 외면하지 못해서 이운순은 '슬픈 해바라기'를 자신의 작품 속에 투입시켜 반전사상으로 잘 구체화하였다고 할 수 있다. 특히 우리나라도 전쟁을 겪었고, 다른 나라의 도움으로 일어섰다는 사실을 상기시키는 대목이 좋았다. 우크라이나가 승리하기를 바라는 작가의 응원에 박수를 보낸다. 인도적 삶의 실천을 통해 평화로운 세상을 갈망하는 작가정신은 높게 평가된다.

걱정을 안고 2박 3일을 비웠다가 돌아온 집. 그동안 물 한 모금 못

먹었을 테니 녀석에게 제발 움직여달라고 할 염치도 없다. 죽은 듯 고요하던 녀석이 내 걱정을 알았을까. 미세한 움직임으로 나를 안심시키더니 다음 날부터는 아예 내 앞에서 종적을 감춰버렸다. 도대체 어디로 간 것일까. 생을 다했어도 흔적은 남아 있어야 할 텐데, 설마 저 스스로 흙에 스며든 건 아니겠지. 궁금해도 화분을 뒤져 알아볼 용기가 나에겐 없었다. 채 한 달도 안 된 시간을 내 마음에 들어와 사진 몇 장, 점점이 작은 배설 흔적만 남기고 간 달팽이, 주자께서 이르시던 '부접빈객'을 향한 후회를 남기고 떠난 달팽이를 나는 깊이 애도하노라.

〈달팽이를 애도하다〉 중에서

그녀의 바이오필리아는 위 작품에서 절정을 이룬다. 종적을 감춰버린 '달팽이' 한 마리에 대한 작가의 애도는 단순한 '애도'를 넘어 생명존중 사상을 크게 부각시킨다. 이미 그런 사상은 '달팽이를 애도하다'에 나타나 있다. 달팽이의 죽음도 아니고 사라져버린 것이 애도의 대상인가 하는 것은 논외로 치고, 발단부에서 작가는 '녀석이 떠나고 텅 빈 벌판 같은 공허만 남았다.'라고 하면서, 녀석을 보내고 후회만 남은 상황에서 '부접빈객거후회'라는 말과 함께 자신이 달팽이의 생존을 위해 정말 최선을 다했는가를 반성한다. 진정한 삶의 가치는 물질을 통해 획득되고 정신에 의해서 결실을 이루는 것이 아니다. 삶의 진면목은 자연의 내부에 그 뿌리를 서려 두며, 이를 근간으로 하여 잎을 피우고 꽃을 만들어 내야 한다. 이운순의 문학은 이런 생명 정신을 근간으로 한다. 이 작품은 달팽이를 지켜보면서 가슴에 서리는 서정 어린 정감을 수필화한 것이다. 제주 지인으로부터 선물 받은 문주란에서 달팽이를 발견하고, 작가는 '너무 놀라 탄성이 터져 나왔고 흥분을 감추지 못했다.'라고 한다. 이런 태도는 그녀가 얼마나 생명을 경외하는지를 말해준다. 순수로의 눈뜸은 상승 작용을 일으켜 〈달팽이를 애도하다〉란 수필에서 바이오필리아적 가치를 크게 고양시킨다. 그녀의 생명존중 정서는 자연과 밀착되어 있다. 이는 자연과 동화되지 않고는 얻을 수 없는 수확인 것이다.

우리는 막연한 그리움으로 대자연을 동경하고 찾아 떠난다. 여러 해 전 다녀온 뉴질랜드 여행길이었다. 일정에는 있었지만 갑작스러운 눈발로 통제되어 갈 수 없었던 밀포트 사운드와 마운트 쿡 관광이 불발되어 아쉬움을 남겼다. 내 생전 뉴질랜드 오스트레일리아를 다시 가볼 수 있을까. 호주 블루마운틴의 그 거대한 산야를 바라보면서 뉴질랜드의 아쉬움이 더했다. 밀포드 사운드 호수를 다시 갈 수 있다면, 마운트 쿡 트레킹 코스를 무릎 건강이 허락하는 한 트레킹도 즐기고 싶은 한 자락 꿈이 허락될지 모르겠다. 현지 가이드의 획일적이고 틀에 박힌 겉핥기식 여행에 아쉬움이 컸기에 드는 생각이다. 거기다 만년설 같은 빙산이 녹아 계곡을 이루고 굉음을 토해 내던 초록 물빛을 어찌 잊는단 말인가. 아직도 나의 뇌리에 가슴에 귓전에도 생생히 남아 기억되는 거대한 초록 물줄기였음을.

-<꿈 한 자락> 중에서

위 수필 결말부에서 그녀는 '너무 맑아 눈이 시리던 그 푸른 물 풍경을 언제 또 만날 수 있을까. 꼭 그곳이 아니라도 대자연 어딘가 한적한 곳에 살고 싶다는 소망을 품어본다.'라고 한다. 이에 작가는 자연에서 나고 자연에서 자란 인생이니 그 외 더 바랄 것이 없다고 말한다. 자연에 대한 그녀의 동경이 어느 정도인지를 알 수 있게 해주는 대목이다. 그녀의 에코필리아는 '초록'이라는 상징으로 드러나는데, 위 수필에서 '초록 물빛', '초록 물줄기' 등으로 나타난다. 친구들과 가벼운 산행에서 만나는 야트막한 동네 야산을 작가는 무미건조하고 무료한 일상에서 만난 청량음료와 같다고 말하는 데서 알 수 있듯이 대자연은 그녀에게 탄성을 지르게 하는 것이다.

"밀포드 사운드호수를 다시 갈 수 있다면, 마운트 쿡 트레킹 코스를 무릎 건강이 허락하는 한 트레킹도 즐기고 싶은 한 자락 꿈이 허락될지 모르겠다." '빙산이 녹아 계곡을 이루고 굉음을 토해내던' 초록 물빛을 잊을 수 없다는 데서 그녀의 자연 사랑은 뿌리를 내려서 밀포트 사운드 호수와 마운트 쿡 트레킹 코스를 트레킹하고 싶다는 소망에서 꽃을 피우는 것이다. 대자연의 소리에 관심을 가지고 귀 기울이지 않는다면 한 자락의 꿈은 영원히 꿈으로 남을지도 모르는 것이다. '문명의 발달을 위한 항해'를 계속하고 있는 세계 여러 나라가 아닌가. 이운순은 이런 과학기술과 문명 발달의 횡포에서도 훼손되지 않고 그 가치가 보전되고 있는 대자연에 주목하고자 한다. 그녀는 대자연이 주는 은혜로운 신비를 관조하고 싶은 한 자락 꿈을 통해 한적한 자연을 그리는 인류의 꿈을 보여주며, 은근히 자연의 소중한 가치를 설정하고 있다.

속설인즉, '제비가 줄에 집을 지으면 밥주걱 주인이 바람이 난다.'라는 말이 있다는데, 선친께서는 함께 늙어가는 어머니보다, 당시 처한 환경적 요인으로 내 걱정을 하셨을 것이다. 나는 부모님이 늦게 본 자식이다. 위에 딸네들은 다 출가하고 군에 간 오라버니 대신, 동생과 함께 연로하신 부모님을 모시고 처녀 농군 시절을 보내던 때였다. 농사일도 농사일이지만, 병약하신 어머니로 인해 부엌일에서도 놓여나지 못했다. 우리 집 속사정을 알 리가 없는 제비란 녀석들이 무슨 죄가 있나. 그런 내 처지를 아는지 모르는지 기를 쓰고 전깃줄에 흙을 갖다 붙이려 드니 딸을 보호하고자 했던 선친의 뜻을 녀석들이 알 리가 없지 않은가. 신기하게도 나는 그 비슷한 시기에 펜팔을 했었다. 좀 지나고 생각해 보니, 부족한 내 역량에 지치고 힘겨운 일상으로부터 돌파구를 찾고 싶은 시기는 아니었는지.

〈아버지와 제비〉 중에서

이 수필에서의 자연주의는 '발전이 거듭될수록 얻은 것도 물론 많지만 잃는 것도 분명 있다.'에서 확실히 드러난다. '얻는 것'에는 '물론'이란 부사를 썼고, '잃는 것'에는 '분명히'란 부사를 썼다는 데서 그 차이가 나타난다. '변화에 따른 부작용도 시행착오도'라는 것도 그녀의 실증주의에 대한 저항을 드러내는 말이다. 작가에게 제비는 아버지와의 추억을 떠올리게 하는 매개체다. '제비가 줄에 집을 지으면 밥주걱 주인이 바람이 난다.'라는 속설을 믿은 아버지가 곧 출가할 딸을 위해 제비가 전깃줄에 집을 못 짓게 방해했다는 것, 농민신문을 뒤적이다 펜팔 상대를 찾았다는 이야기가 그녀에게는 봄날의 추억이 되어 있다. 평화로운 풍광을 자랑하는 제주에 장기간 무임 투숙한 제비들을 부러워하면서 자신도 녀석들처럼 노란 부리와 힘찬 날갯짓으로 여행지를 찾아들고 싶은 마음이 굴뚝같다는 마무리가 눈길을 끈다. 이 수필에서의 생태 지향성은 정신 작용의 밑거름이 되어 노마디즘의 이미지를 자아낸다. 그러면서 자연의 고상성과 고결성을 불러일으킨다. 수필 쓰기에서 가장 중요한 것은 상관적인 사고다. 익숙한 사물을 새로운 시각으로 살펴볼 줄 알아야 한다. 이 수필은 제비에 대한 인식의 새로움이 돋보인다. 우리는 늘 자연으로 떠나고 싶은 지향성이 있다. 작가는 자연으로 떠나고 싶어 하는 인간의 소망을 제비를 부러워하는 것으로 간접화해서 전해 주면서 문학적 성취를 드높이고 있다.

이운순의 수필을 읽으면 인생을 멋지게 살고 있다는 참다운 이의 깨달음이 감동으로 다가온다. 산다는 것은 어느 의미에서는 가치에의 집착을 엮어 가는 일이다. 원근과 대소를 재면서 가치와 관련을 현재화시킬 때 집착에 이를 것은 뻔한 이치다. 인간의 일상적 삶은 여기에 그 거점을 정하고 방향을 터 잡아가는 하나의 흐름이다. 이 수필집에서 읽히는 또 하나는 자신의 존재적 인식을 교정하는 활달함이다. 문학은 한 시대의 구성원이 지닌 고유한 정신이며 체온이고, 도도한 흐름이어야 한다. 그 시대와 역사를 담당하고 있는 구성원이 무엇을 갈망하고, 무엇을 위해 자기의 희생을 소진하며, 그들에게 가장 가치 있는 것이 무엇이었는지를 파악할 수 있는 수단이나 도구의 하나이기에, 이운순의 수필은 문학으로서의 자기 모습을 견고하게 유지하고 있다.

2. 고향, 인연과 인정, 토포필리아에 핀 사랑

이운순의 topophilia, 장소에 대한 사랑, 고향, 자연 등에 대한 사랑은 따뜻한 생명 자본주의의 한 축이다. 장소애란 특정 장소에 대한 사랑을 가리키는 것으로서 이 장소애가 특히 잘 나타나 있는 것이 이운순의 수필이다. 제목만 봐서도 알 수 있듯이 그녀의 수필에는 그녀가 거쳐간 지역에 대한 그리움과 사랑이 묻어 나온다. 수십 편의 수필 가운데, 고향에 관한 이야기들이 많다. 이는 그녀의 수필세계가 토포필리아를 지향하고 있다는 것을 단적으로 증명한다고 하겠다. 그녀에게 있어 '포천'은 공해가 없는 청정지역으로 각인되어 있어, 자연 친화적이고 향토적인 작가의 마음속에 지금도 추억의 성으로 우뚝 자리 잡고 있다. 한 축의 글은 삶의 지혜와 향토 찬가가 절묘하게 어우러진 작품으로서, 비인간화된 인간과 순수를 잃어버린 우리네 삶의 지향성을 전달하려는 작가의 의도가 점철된 소망의 결과물로 판단된다. 주제 지향성적인 측면에서 인생론적 또는 인연론 적인 관점을 동시에 터치하고 있는 것으로 볼 때, 작가는 인간의 이상적 삶을 현실과 격리해 두지 않고 있음을 알 수 있다. 문학은 집착이 만들어 낸 결과물이다. 그 집착의 대상이 무엇이고, 그것을 통해 행위의 주체가 무엇을 획득하고 상실했느냐에 따라 삶의 윤기와 습기, 평가는 달라질 수 있지만, 삶 자체가 집착의 결과이듯 문학도 같은 것이다.

그리움의 텃밭 고향은 언제나 시간 속에 존재할 수밖에 없다. 그 기억의 시간을 통해 우리는 무한한 삶의 의욕을 느끼게 되고, 생활의 지혜도 만날 수 있다. 이운순에게 있어서 고향 포천은 자연 친화적인 작가의 정염과 사상이 녹아 있는 마음의 고향이라고 하겠다. 문학은 자신도 정화하고 시대도 정화해야 한다. 사람이 사람답게 살아가야 하는 길을 비추는 등불이어야 하고, 동시에 현대인이 살아가는 사회 현실을 비추는 거울이기도 해야 한다. 이런 차원에서 본다면 이운순의 작품은 자신을 구원하는 글로써 거울 같은 작품이면서 동시에, 등불 같은 수필이다. 자기 자신의 정체성을 찾아 자신의 반성적 성찰대 위에 세우는 일이나 그 시대를 살아가는 소외된 사람들과 동행자가 되어 숨겨진 그들의 아름다운 진실을 캐내는 일도 모두 중요한 일이다. 이런 면에서 이들의 작품들은 나름의 역할을 다하고 있다. 잊고 있었던 자기에 대한 응시를 통해 인연을 감싸는 일이나, 만남을 통해 삶의 진경을 보여주는 것 모두가 수필가다운 면모를 보이는 일이다.

반상의 구분이 사라지고 돈이 양반인 세상이 되었어도 아버지는 아무 일이나 하고 싶지는 않았으리라. 발령이었을까 선출직이었을까 잠깐의 자치위원장을 끝으로 아버지는 그저 작은 농지를 지닌 평범한 농부로 가난한 선비로 살아가셨다. 참혹하고도 긴 삼 년의 전쟁 후에는 농사일 외에 간단히 목수 일을 하셨던 것 같다. 그 흔적이 남아 연장통을 채웠다. 연필을 귀 뒤에 꽂고 정교하게 재고 수평을 보고 각도를 맞추는 일, 그나마 부친의 자존심을 세운 일이 목수 일 아니었을까. 사회성도 변죽도 없는 어른이 어떻게 그 일을 하셨을까. 거울에 비춘 내 모습인 양 내성적인 아버지셨기에 드는 생각이다. 어찌 됐든 아버지는 일가를 거느린 가장이 분명하셨다. 부끄러움을 감춘 내면의 고독과 가장의 중압감을 쓴 담배 한 모금, 탁주 한 사발로 달래셨을 아버지, 전후 가장의 무게와 시대상이 보인다.

〈목수〉 중에서

인생에 있어 진실을 추구하기를 외면하는 것처럼 무서운 것은 없다. 인생을 인연의 관점에서 생각하고 진실을 돌아보지 않는다면 삶에 대한 의욕을 잃어버리고 전진할 기력마저 빠지고 만다. 이것은 바로 자아를 버리는 일이고 인생 전체를 포기하는 길이기 때문이다. 수필가란 일상적 삶을 영위하면서도 또 하나의 세계를 추구하는 사람이라고 할 수 있다. 평범한 사람은 새롭고 편리한 것이 나오면 가볍게 그것을 취하지만 수필가들은 사라지는 것들의 허전한 뒷모습을 발견했을 때, 그것을 그냥 버리는 것이 아니라 애정을 주고자 한다. 그녀는 '아버지는 그저 작은 농지를 지닌 평범한 농부로 가난한 선비로 살아가셨다. 참혹하고도 긴 삼 년의 전쟁 후에는 농사일 외에 간단히 목수 일을 하셨던 것 같다.'라고 아버지를 회고한다. 아버지에 대한 회고는 즉 과거의 현재화를 위한 노력의 하나다. 뿌리에 대한 근원적 추구가 없는 사람은 참된 문학의 세계에 발을 들여놓기가 어렵다. 수필도 그러한 생활의 자세가 요구된다.

글에 관한 한 항상 겸손해하지만, 전후 가장의 무게를 '담배 한 모금', '탁주 한 사발'로 표현할 만큼 이운순은 수필가로서 내공이 탄탄하다. 그녀 수필의 강점은 반드시 엑센트를 둔다는 것이다. 신변적 수필 속에서도 시대정신과 인간 정신을 담고 인연을 긍정으로 껴안으면서 이타적 정신을 수필 속에 담아내고 있다는 게 대단한 가치다. 사건이 더 구체적이라는 것이 독자의 상상력을 자극하는 데 도움을 주지는 않지만, 지구력이 부족한 수필 독자들에게는 해독하는 데 힘든 시간의 고통을 덮어주고 있다. 문학을 미적 구도로 인식하고 있는 한 그녀의 수필은 언제까지나 독자의 사랑과 관심을 끌 것이다. 그녀에게는 아버지에 대한 애정이 넘쳐난다. 남아 있는 연장통의 흔적으로 아버지의 자존심을 밝혀내고, 목수의 딸로서의 자신의 정체성을 찾아 나간 이 수필 역시, 힘의 문학을 지향하면서, 수필문학의 위상도 함께 드높일 수 있는 수필이라 하겠다.

연속되는 '덤' 같은 사랑은 지인들의 따듯한 마음이 있어 가능한 행복이다. 지역의 산업화로 인구가 대거 유입되고 사방 농경지였던 지역이 유명무실하게 푸른 들판을 갉아먹고 있었다. 그러나 대대로 농사를 짓던 분들에게 농사는 천직이다. 경작지가 줄어들었다고 농사일을 멈추지 않는다. 습관처럼 봄이면 씨 뿌리고 가을이면 거두어들이는 고귀한 기쁨을 마다할 리 없지 않은가. 그 손수 지은 수확물의 나눔은 소리 소문도 없이 시작된다. 어느 해 추석, 고향에서 막 돌아와 두 형님이 싸주신 사랑 보따리를 풀기도 전에 계단 끝에 고구마 박스와 감말랭이를 발견했다. 경남을 고향으로 둔 고마운 이웃이 빈집에 놓고 간 情이다. 마침 형님들도 많이 주셨기에, 고마운 성의를 덜어내고 농사가 없는 이웃집에 고구마 나눔을 했다. 그다음 날은 또 다른 이웃이 고구마와 싱그러운 호파 다발을 보내왔다.

〈덤〉 중에서

이운순의 수필 〈덤〉의 핵심 키워드는 '고향' '고마운 이웃' '나눔'이다. 우리가 수필을 통해 추구해야 하는 것이 있다면 본래적 자아를 찾는 일일 것이다. 현대인들은 복잡하고도 삭막한 도시 생활과 치열한 생존 경쟁 속에서 순수하고 아름다웠던 본래적 자아를 상실한 채 살아가는 수가 많다. 이러한 자기 정체성의 상실은 곧잘 삶에 지친 사람들을 패배주의로 몰아가기 일쑤다. 현실적 자아와 본래적 자아라는 괴리감의 갈등 속에서 괴로워하는 사람이 많다. 이상과 현실 사이에는 간극이 존재하고, 그 간극을 어떠한 형태로든 극복하기 위한 절박한 노력은 누구에게나 일생 끊임없이 진행될 수밖에 없는 현실이다. 이 수필은 그러한 현실을 극복하며 살 수 있는 길이 있음을 보여주는 글이다. 누가 그리고 무엇이 작가에게 큰 행복을 주며, 그것의 실체에 대한 구체적 언급은 농촌에 아직도 인정이 살아있다는 것을 말하고 있다. '고구마와 호파 다발'로 상징되는 시골 인심을 나눔으로써 '덤' 같은 사랑이 가능하다고 하는 주제의식을 내면화한 이운순의 수필 〈덤〉은 벤저민을 키우면서 발견한 '덤'의 사랑을 날개 없는 천사를 둔 지인에게서 받은 정 나눔으로 전이시켜서 수필에 문학성을 더하였다. 나눔의 중요성을 일깨워 준다는 측면에서 소중한 가치를 품고 있는 작품이라고 하겠다

두엄 밭에 버려진 성난 녀석들은 봄볕을 받아 일시에 새싹을 밀어 올린다. 부지깽이도 싹이 난다는 멋진 계절이 아닌가. 전쟁으로 홀몸이 되신 두 분이 만나 사 남매를 낳으셨다. 앞선 가정에서 아들만 낳아본 어머니는 첫 딸을 낳고 무척이나 기쁘셨다는데 아버지 반응은 '평생 도둑이라는데 또 딸이야?'였단다. 아버지께는 아들 하나와 두 분의 따님이 있으셨고 두 딸 모두 출가한 상태였다. 삼 년 뒤 아버지가 바라시던 아들이 태어났다. 노래는 둘째가라면 서러운 실력이었고 공부도 뒤지지 않았다. 그리고 아버지의 쉰둥이인 내가 태어났다. 하도 작고 못난 쭉정이 같은 그 아이는 쉰 넘은 부친과 마흔 넘은 어머니, 나는 소위 말하는 노인자제로 그렇게 세상에 났다. 머리숱은 아주 적었고 볼록한 뒷박이마에 훌렁 벗어진 머리 때문에 '붉은 언덕'이라 놀림을 받던 여자아이는 아주 볼품이 없었다.

〈쭉정이의 어린 날〉 중에서

세상의 모든 게 수필 안에 놓여 있는 소도구다. 사랑도 아픔도 이 안에 어우러져 있는 일종의 소품이라고 볼 때, 수필은 하나의

우주다. 수필을 쓸 때 무엇보다도 중요한 것은 공감의 터전을 마련하는 일이다. 먼저 그 대상과 하나가 되어, 서로의 체온을 나누어야 된다. 이운순은 자신을 '쭉정이'로 묘사하면서 어린 날의 자화상은 솔직함을 최고의 미덕으로 삼는 수필 장르의 특성을 빌어 잘 나타내고 있다. '머리숱은 아주 적었고 볼록한 뒷박이마에 훌렁 벗어진 머리 때문에 붉은 언덕이라 놀림을 받던 여자아이는 아주 볼품이 없었다.'라는 자신에 대한 묘사와 단상이 마치 사진을 찍어 놓은 것처럼 매우 구체적이다. 수필을 쓸 때 신체 부분이 소재가 되는 수가 많다. 그만큼 인간중심주의는 인물의 가치를 중시한다. '붉은 언덕' 또한 자신의 인물 특징을 문학화하여 표현한 것이다. 여기서 '쭉정이'는 자신의 모습만을 나타내지 않는다. 자신의 시선에 드러난 사람들, 특히 기구한 삶을 살아가는 여러 가족의 모습들이 전부 압축되어 이미지로 나타난 것이 '쭉정이'다.

'하도 작고 못난 쭉정이 같은 그 아이는 쉰 넘은 부친과 마흔 넘은 어머니, 나는 소위 말하는 노인자제로 그렇게 세상에 났다.'라는 자신의 외모에 대한 솔직한 표현은, 그녀의 표현력이 예사롭지 않다는 것을 단적으로 증명한다고 하겠다. 발단부에 '쭉정이'를 개념화하고, 전개부에 가서 자신의 모습과 그리고 폐병으로 피골이 상접한 남편을 또 '쭉정이'로 의미화하고, 결말부에 가서는 자신의 기구한 운명을 통틀어 '쭉정이'로 형상화했다는 점에서 이 글의 전략화가 매우 돋보인다고 하겠다. '싹 낼 볍씨를 물에 담그면 쭉정이는 모두 물에 뜬다. 단단한 알곡은 두고 물에 뜬 볍씨는 건져내어 두엄 밭에 흩뿌려진다. 탈곡할 때 바람에 날리는 빈 탕 말고, 알맹이가 반도 안 차 도정할 때 깨어져 싸라기가 되는 놈이 이른바 쭉정이다.' 이런 상관화 없이 어찌 본격 수필이 되겠는가. 아이러니의 연속인 삶, 운명의 장난 같은 작가의 삶은 '가족 중에 집을 떠난 사람이 있으면 어디서든 굶지 말라고 부뚜막에 밥을 떠놓는 관습대로 오라비 군 생활 36개월, 아버지 상청 1년까지 그 일을 했다.'라는 이 수필의 마지막 대목에서 유추할 수 있다.

문학상 시상식과 동인지 출간 안내 생신 축하연도 좋았다. 기다리던 식사시간에는 마치 아기 새에 모이를 물어다 주듯 아내를 위해 연신 이것저것 챙겨주는 그녀 사랑님의 모습은 절로 미소를 부른다. 사랑님의 나지막한 중간키는 이 작가와 눈높이가 더 잘 맞을 것 같아 보기 좋았고, 바람직한 애처가 모습이라 좋았다. 얼마나 재미있게 사는지 더 묻지 않았지만, 언니의 마음으로 엄마 같은 마음으로 건강하고 예쁘게 살아주기만을 기도해 본다. 어머니의 오랜 뒷바라지가 이현주 작가를 있게 했다면 오늘은 사랑님의 외조가 빛난다. 장애를 극복한 그녀의 진솔한 이야기가 독자의 가슴을 울릴 테니 그녀의 내일은 더 밝게 빛나리라. '스페인인가, 어디든가 벌써 여러 해 연락을 해오고, 선물도 보내오고 그래요.' 이 작가의 근황을 자랑하시는 어머니의 가없는 사랑이 깊고도 진하게 전해온다.

〈아기 새, 여인이 되다〉 중에서

아기 새 여인과의 인연이 주는 의미를 새겨 보면 우리는 이운순의 확실히 남다른 인생관에 수긍하게 된다. 인식의 형상화가 빛나는 부분은 주제를 사랑으로 일반화하는 부분인데, "어머니의 오랜 뒷바라지가 이현주 작가를 있게 했다면 오늘은 사랑님의 외조가 빛난다."라는 표현이다. 대체로 좋은 수필들은 주제의식의 의미화를 구축하기 위한 구체화 전략들이 매우 체계적이다. 이 수필에는 이현주 장애인 작가에 얽힌 일화가 삽화로 놓여 있다. 이는 주제의식을 설득적으로 구체화하는 전략이요, 수법이다. 이처럼 소박하고 진실한 경험의 용해와 절제된 감성은 이운순 수필의 품격을 드높인다고 하겠다. 문학은 강물처럼 흘러가고 있는 역사의 한 부분에 대한 진솔한 기록이다. 이러한 이유와 당위성 때문에 작가는 작가로서의 의식이 분명해야 한다. 수필은 세상의 아름다운 향기를 담아내는 그릇이어야 하는 것이다. 이 수필은 단순한 삶의 기록이 아니라 보다 근원적인 의미에서 인간의 진실을 발견하기 위한 수단이고, 노력의 흔적이다. 장애인 아내의 성장을 도와주는 남편, 그리고 장애인 딸을 위해 헌신을 다하는 어머니의 사랑은 감동을 준다. 이러한 점에서 이 작품은 여러 가지로 시사하는 바가 크다.

작가는 문학상 시상식을 주시하면서 너무나 강렬한 인상을 준 아기 새 같았던 한 여인을 잊지 못한다. 이 수필의 가치는 '사랑은 위대하다'라는 것을 수필을 통해서 찾고 있다는 사실이다. 순간순간의 삶에 더욱 성실하고 스스로 부끄럽지 않은 원숙한 인생의 맛을 느끼며 살기 위해 수필을 씀으로써 세상의 구원에까지 나아가기도 한다. 첫 수필집을 내고 문학상을 받던 날의 잊을 수 없는 한 여인에 대한 기억으로 수필을 썼다. 이는 건강한 생활인의 자연적 부화라는 측면에서 개인뿐만 아니라 가정 나아가 국가적으로도 부가가치가 있을 것으로 보인다. 이런 인식의 공감대 위에서 작가가 만남의 인연을 통해 일상의 윤기를 찾아내고 있는 것이 이타주의의 확산으로 보이기 때문이다.

IV. 나오며

순간순간의 삶에 성실하고 스스로 부끄럽지 않은 삶을 살고자 하는 각고의 작업을 우리는 자아 성찰이라 한다. 수필을 원숙한 인생의 문학이라 하는 소이도 여기에 있다. 인생 저편에서 바이오필리아와 토포필리아 사상을 관조하고 거기에서 얻은 지혜를 주제로 수필화했다는 것은 수필의 교훈성과 효용성 측면에서 매우 바람직하다고 할 수 있다. 특히 이 수필에서 우리가 얻을 수 있는 것은 한 작가의 성장에 대한 개인사적인 사실만이 아니다.

잊고 있거나 잊혀 가는 것에 대한 향수와 우리가 관심 가져야 할 생명 주의에 대한 발견과 인식이라는 측면에서 애향적인 소재의 발견은 의의가 있다고 보겠다. 또한, 이운순의 수필들은 소중한 인연의 끈으로 묶고 있는 작가의 아름다운 포천 사랑이 질편하게 녹아 있어 감동을 준다. 출생의 흔적에 대한 그 기억들은 분명 지금이 행복하기에 환기되는 것이다. 이는 작가 자신에 대한 완고할 정도의 애정이며, 자기를 실존케 했던 운명적 존재에 대한 애착이라고 볼 수 있다. 작가의 가슴에 살아 있는 마을은 항상 생명의 파도가 넘실댄다. 인연 된 사람들의 정 줄기와 함께 오늘도 그녀의 심저에는 초록 물결이 흐르고 있다.

무엇보다도 수필은 문학이 되어야 한다. 거울이니 등불이니 하는 변별은 그다음의 문제다. 동시에 그것은 세계관의 문제이기 때문에 좋고 싫음의 판단이 있을 뿐 우열의 기준이 될 수가 없다. 수필이 상상력이나 예리한 관조, 지적 통찰의 체로 걸러지지 않은 채 써서는 안 되는 것이다. 수필은 삶과 세계에 대한 고도의 세련된 지적 통찰이어야 하는 것이다. 이런 측면에 있어서 이운순의 작품은 향기로운 문학이라는 데 누구도 이의를 제기하지 못할 것이다. 이운순은 글감을 세태와 인연 속에서 찾아내는 작가다. '글은 곧 그 사람이다.'라는 버폰의 표현에 정확히 맞는 언행일치의 삶을 사는 작가이기도 하다. 문명비판이란 따끔한 질책이 담겨 있는가 하면, 한 가정을 편안하게 리드해가는 여인으로서 일상 속에서 느끼는 편편들에 대한 다소곳한 정감을 수필 속에 용해시켜 내는, 가슴 따스한 작가다. 차분함과 여유에서 나오는 그녀의 글에는 오늘을 사는 생활인의 가슴 저린 애환이 있고, 따스한 정이 소리 없이 흐른다. 그녀 수필의 특성인 식물성과 애향성은 무미건조한 단조로움에 짓눌려 있으면서도 무엇인가를 가슴에 지니고 살 수 있게 해주는 역할은 한다. 바이오필리아와 토포필리아는 성찰의 시간을 부여하는 매개체로서 역할을 하기에 작가에게 유의미한 가치가 아닐 수 없다.

사람이 살아가면서 느끼는 문제의 한편에는 언제나 초극할 수 있는, 아름답고 신선한 세계가 있다는 것을 이운순의 수필집은 말해준다. 사람들은 그 세계를 통해 삶의 기쁨을 만끽하고, 처절한 절망의 늪에서 헤어나 새로운 길을 모색한다. 그러나 현실이라는 벽으로 해서 어쩔 수 없이 각박한 삶을 자처해 그 길로 들어서기도 도망치기도 한다. 중요한 것은 주체자의 마음가짐이다. 물질만이 기쁨과 행복을 주는 것은 아니다. 나를 있게 한 과거의 끈으로 튼튼한 미래를 창조하려는 창조적이며 포용적 마인드가 중요하다. '노동의 가치는 어떤 잣대로도 가늠하기 어렵다.'라는 표현에서 그녀가 추구하는 행복이 어디에 있는가가 드러난다. 그녀는, '왜가리가 날아드는 걸 보면 아직 생태계가 살아있다는 게 분명하다.'라고 안도하면서, 수고롭고 사랑이 충만한 삶의 현장을 가슴에 담고, 이를 바탕으로 나눔의 가치와 사랑의 미학을 실천하며, 바이오필리아와 토포필리아 나무를 키우고 있다. 그 나무들이 빚어내는 그늘이 시원하다.